汽车维护

主　编　黄艳玲　郭大民　王立刚

北京理工大学出版社
BEIJING INSTITUTE OF TECHNOLOGY PRESS

图书在版编目（CIP）数据

汽车维护 / 黄艳玲，郭大民，王立刚主编. －－北京：
北京理工大学出版社，2021.11

ISBN　978 - 7 - 5763 - 0711 - 5

Ⅰ. ①汽… Ⅱ. ①黄… ②郭… ③王… Ⅲ. ①汽车 –
车辆修理 Ⅳ. ①U472.4

中国版本图书馆 CIP 数据核字（2021）第 240832 号

出版发行 / 北京理工大学出版社有限责任公司
社　　　址 / 北京市海淀区中关村南大街 5 号
邮　　　编 / 100081
电　　　话 / (010) 68914775（总编室）
　　　　　　(010) 82562903（教材售后服务热线）
　　　　　　(010) 68944723（其他图书服务热线）
网　　　址 / http：//www.bitpress.com.cn
经　　　销 / 全国各地新华书店
印　　　刷 / 三河市天利华印刷装订有限公司
开　　　本 / 787 毫米 × 1092 毫米　1/16
印　　　张 / 13.5
字　　　数 / 308 千字
版　　　次 / 2021 年 11 月第 1 版　2021 年 11 月第 1 次印刷
定　　　价 / 69.00 元

责任编辑 / 徐艳君
文案编辑 / 徐艳君
责任校对 / 周瑞红
责任印制 / 李志强

前　言

　　汽车维护是现阶段维修企业主要操作项目，是职业教育学校要求学生掌握的专业核心技能课程。根据维修企业实际调研发现，随着汽车制造工艺水平的提升，整车故障率明显下降，以前的操作模式已经不能适应当代的工作需求。现阶段维修与维护的占比数量已经发生了颠覆性变化，维护作业数量占比已经达到实际工作量的百分之七十左右，如何快速、准确地进行维护作业，是现阶段职业教育的重点。为了能够满足新的就业需求，配合新的职业教育模式要求，使学生能够系统地、快速地、准确地掌握汽车维护操作技能，充分调动学生学习积极性，师生一起实现"做中学、做中教"，使学生达到"乐学、会学、学会"，在本书编写过程中，除了有从事职业院校教育的一线教师，还聘请了企业专家，使教学内容与企业生产技术无缝对接。

　　在本书编写前，编者对企业实际维修作业内容进行了细致调研，对职业院校学生的学习情况进行了客观分析，对职业院校教学设备进行了多方面考虑和综合总结归纳，制定了编写方案。

　　本书参照实际工作任务，结合实际教学开展情况，采取以项目引领，任务驱动的形式组成各学习任务，明确了知识目标和能力目标，注重职业素养的养成，突出技能重点。以企业实际维修案例作为任务导入，激发学生的学习兴趣，注重技能训练，保证学习后能够胜任企业维护工作岗位的要求。项目操作技能点详尽，能满足企业实际生产的需求。对于相应的工作任务，配备工作活页，便于学生记录工作过程。增加自我评价过程，能有效提升教学效果。

　　本书适用于中等职业学校与高等职业学校学生，对于专业能力提升有很大的帮助。

　　本书由辽宁省交通高等专科学校的黄艳玲、郭大民、王立刚任主编，辽宁省交通高等专科学校闫丹、辽宁农业职业技术学院赵竹、辽宁汽贸集团有限公司王有阁任副主编。参加本书编写的还有于梦龙（沈阳铁西华通丰田汽车服务有限公司）和辽宁省交通高等专科学校的宋孟辉、朱尚功、张丽丽、黄宜坤、孙涛、李泰然、李培军、卢中德、耿炎等。同

时鸣谢沈阳铁西华通丰田汽车服务有限公司、辽宁众志诚汽车销售服务有限公司、沈阳广通行汽车服务有限公司等企业参与编审。

由于编者水平有限，书中难免存在不当之处，恳请读者给予批评指正。

编 者

目 录

项目一　汽车维护基础知识 ································· （001）

　　任务一　汽车维护制度 ································· （002）

　　　一、现代汽车维护的意义及目的 ················· （002）

　　　二、汽车维护原则 ······························· （003）

　　　三、现代汽车维护的分类及作业内容 ············· （003）

　　　四、现代汽车维护的作业规范及作业范围 ········· （004）

　　　五、汽车维护周期 ······························· （005）

　　任务二　汽车维护操作安全 ························· （006）

　　　一、汽车维修个人安全知识 ····················· （006）

　　　二、工具设备的使用安全及环境安全 ············· （010）

　　　三、环境安全 ································· （012）

　　　四、日常安全守则 ······························· （015）

　　任务三　汽车维修常用工具、测量仪器和设备的使用 ··· （016）

　　　一、常用维修工具的使用 ······················· （017）

　　　二、常用测量仪器的使用 ······················· （027）

　　　三、常用设备的使用 ··························· （031）

　　任务四　汽车维修业务流程及新车检验 ··········· （043）

　　　一、汽车维修部门团队合作 ····················· （043）

　　　二、汽车维修业务流程 ······················· （043）

　　　三、新车检验 ································· （045）

项目二　汽车发动机系统维护 ····················· （049）

　　任务一　润滑系统维护 ··························· （050）

　　　一、润滑系统介绍 ······························· （050）

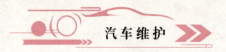

二、机油更换周期 ·· （051）

三、项目操作 ·· （052）

四、知识拓展——发动机润滑油 ·· （054）

任务二　冷却系统维护 ·· （057）

一、冷却系统介绍 ·· （057）

二、冷却液更换周期 ·· （058）

三、项目操作 ·· （058）

四、知识拓展——冷却液 ·· （061）

任务三　燃料供给系统维护 ·· （063）

一、燃料供给系统介绍 ·· （063）

二、燃料供给系统各元件 ·· （064）

三、项目操作 ·· （067）

四、知识拓展——汽油和柴油 ·· （073）

任务四　点火系统维护 ·· （075）

一、点火系统功用 ·· （075）

二、点火系统组成 ·· （075）

三、火花塞 ·· （075）

四、点火线圈 ·· （077）

五、项目操作 ·· （077）

项目三　底盘系统维护 ·· （081）

任务一　传动系维护 ·· （082）

一、传动系功用 ·· （082）

二、传动系组成 ·· （082）

三、离合器 ·· （083）

四、变速器 ·· （083）

五、项目操作 ·· （085）

任务二　制动系维护 ·· （091）

一、制动系介绍 ·· （091）

二、制动系主要部件 ·· （092）

三、项目操作 ·· （095）

四、知识拓展——制动液 ·· （104）

任务三　转向系维护 ·· （107）

一、转向系功用 ·· （107）

二、转向系组成 ·· （107）

三、转向系类型 ·· （107）

四、转向盘的自由行程 ·· （108）

五、项目操作 ·· （109）

六、知识拓展——转向助力油 ·· （112）

任务四　行驶系维护 ………………………………………………… （113）
　一、行驶系功用 …………………………………………………… （113）
　二、行驶系组成 …………………………………………………… （113）
　三、项目操作 ……………………………………………………… （115）
　四、知识拓展——汽车轮胎 ……………………………………… （121）

项目四　电气系统维护 ……………………………………… （125）
　一、汽车电气系统组成 …………………………………………… （126）
　二、汽车电气系统的特点 ………………………………………… （127）
任务一　电源系统维护 …………………………………………… （128）
　一、蓄电池 ………………………………………………………… （128）
　二、发电机 ………………………………………………………… （130）
　三、项目操作 ……………………………………………………… （130）
任务二　照明及仪表指示灯系统维护 …………………………… （135）
　一、照明系统 ……………………………………………………… （135）
　二、外部车灯 ……………………………………………………… （135）
　三、内部车灯 ……………………………………………………… （136）
　四、汽车灯光信号系统 …………………………………………… （137）
　五、车灯开关类型 ………………………………………………… （137）
　六、照明系统的安装位置 ………………………………………… （138）
　七、车灯指示灯 …………………………………………………… （138）
　八、项目操作 ……………………………………………………… （139）
任务三　其他用电设备维护 ……………………………………… （143）
　一、喇叭 …………………………………………………………… （143）
　二、风窗玻璃刮水器 ……………………………………………… （143）
　三、空调系统 ……………………………………………………… （144）
　四、项目操作 ……………………………………………………… （146）
　五、知识拓展——空调维护注意事项 …………………………… （152）

项目五　车身维护 …………………………………………… （153）
任务一　车身附属部件维护 ……………………………………… （154）
　一、发动机盖 ……………………………………………………… （154）
　二、行李箱 ………………………………………………………… （154）
　三、车门 …………………………………………………………… （154）
　四、座椅 …………………………………………………………… （155）
　五、安全带 ………………………………………………………… （155）
　六、项目操作 ……………………………………………………… （156）
任务二　汽车外部美容维护 ……………………………………… （159）
　一、车身表面污垢 ………………………………………………… （159）

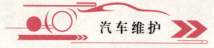

二、车身塑料件损伤 ……………………………………………… （160）

三、车辆外部清洗 ………………………………………………… （161）

四、漆面手工打蜡 ………………………………………………… （165）

五、项目操作 ……………………………………………………… （166）

参考文献 …………………………………………………………… （173）

工作单活页 ………………………………………………………… （175）

项目一

汽车维护基础知识

任务一 汽车维护制度

知识目标

1. 掌握现代汽车维护的意义和目的；
2. 掌握汽车维护的作业规范和作业范围；
3. 掌握汽车维护周期；
4. 了解汽车维护的原则和分类。

任务导入

一辆轿车行驶了 40 000 km，车主发现车辆加速缓慢，油耗增加，仪表上有些警示灯闪亮，于是到维修企业询问故障原因。通过双方的初步交流，服务顾问得知车辆运行了三年多，只换过两次机油，于是服务顾问说车辆可能由于维护不当而引发性能下降，需要对车辆进行详细评估，才能做出最终的维修和维护意见。车主很不解，车辆使用中不是换换机油就可以吗，还需要做其他维护吗？汽车维护都包含哪些内容？这些你都清楚吗？

知识学习

汽车维护目的

一、现代汽车维护的意义及目的

随着现代汽车制造业的不断进步，新技术、新工艺、新材料得到广泛应用，使汽车的技术性能和使用寿命都得到很大提高。但是作为机电产品的汽车，即使是性能极其卓越，但随着行驶里程的增加，其零部件也会逐渐发生磨损，技术状况会不断变差，这是不可避免的。图 1-1 所示为汽车零件磨损的三个阶段。

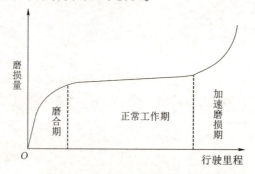

图 1-1 汽车零件磨损的三个阶段

汽车零部件的磨损程度在其他条件（如材料、路况等）相同的情况下，会因使用、维护的情况不同而有很大的差异。由图 1-2 中曲线可知，在相同的行驶里程内，情况 1 的磨损量比情况 2 的小，那么其使用寿命就比情况 2 的长。由此可见，只有根据零部件的磨损规律制定切实可行的维护保养措施，才能使其保持完好的技术状态，这便是汽车维护的意义所在。

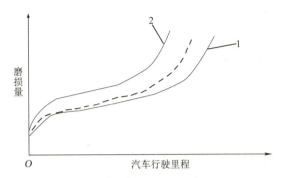

1 是使用方法得当、维护适时的磨损曲线；2 是使用方法不当、维护不及时的磨损曲线

图 1-2　汽车零件磨损曲线

　　汽车行驶一定的里程和时间后，根据汽车维护技术标准，按规定的工艺流程、作业范围、作业项目和技术要求所进行的预防性作业即为汽车维护。其目的就是保持汽车技术状况良好，确保行车安全，充分发挥汽车的使用效能和降低运行消耗，以取得良好的经济效益、社会效益和环境效益。

二、汽车维护原则

　　根据《道路运输车辆技术管理规定》（中华人民共和国交通运输部 2016 年第 1 号令），汽车维护应贯彻"预防为主、定期检测、强制维护"的原则，即汽车维护必须遵照交通运输管理部门和汽车生产厂家规定的行驶里程或时间间隔，按期强制执行，不得拖延，并在维护作业中遵循汽车维护分级和作业范围的有关规定，以保证维护质量。

　　汽车维护是预防性的，保持车容整洁、车况良好，及时消除发现的故障和隐患，防止汽车早期损坏是汽车维护的基本要求。汽车维护的各项作业是有计划定期执行的，其内容是依照汽车技术状况变化的规律来安排的，并赶在汽车技术状况变坏之前进行，以符合预防为主的原则。

　　定期检测是指汽车在二级维护前必须用检测仪器或设备对汽车的主要性能和技术状况进行检测诊断，以了解和掌握汽车的技术状况和磨损程度，并做出技术评定，根据检测结果确定汽车的附加作业或小修项目，从而结合二级维护一并进行附加作业或小修。

　　强制维护是在计划预防维护的前提下所执行的维护制度，是指汽车维护工作必须遵照交通运输管理部门或汽车使用说明书规定的行驶里程或时间间隔，按期进行，不得任意拖延，以体现强制性的维护原则。

三、现代汽车维护的分类及作业内容

汽车维护分类

　　汽车在使用过程中，由于汽车的新旧程度、使用地区条件的不同，在各个时期对汽车维护保养的作业项目也不同。根据《汽车维护、检测、诊断技术规范》（GB/T 18344—2016）规定，汽车维护分为日常维护、一级维护和二级维护（注：在汽车的实际使用过程中，日常维护、一级维护和二级维护通常称为常规维护，而季节性维护和免拆维护通常称为按需维护）。维护以清洁、检查、紧固、润滑、调整和补给六大作业为主，维护范围随

着行驶里程的增加逐步扩大，内容逐步加深。各项作业内容如下：

清清作业是提高汽车维护质量，防止机件腐蚀，减轻零部件磨损和降低燃油消耗的基础，并为检查、补给、润滑、紧固和调整作业做好准备。其工作内容主要包括：对燃油、机油、空气滤清器滤芯的清洁，汽车外表的养护，对有关总成、零部件内外部的清洁作业。

检查作业是汽车维护的重要工作之一，通过对汽车各部位的检查，以确定零部件的变异和损坏情况。其工作内容主要是：检查汽车各总成和机件是否齐全，连接是否紧固；是否存在漏水、漏油、漏气和漏电等现象；利用汽车上的指示仪表、报警装置等随车诊断装置，检查各总成、机构和仪表的技术状况；检查影响汽车安全行驶的转向、制动、灯光等工作情况；汽车拆检或装配、调整时应检查各主要部件的配合间隙。

补给作业是指在汽车维护中，对汽车的燃润料及特殊工作液进行加注补充，对蓄电池进行补充充电，对轮胎进行补气等作业。注意：必须选用合适的运行材料，并及时正确地添加或更换燃润料和冷却液等。

润滑作业是为了减少各摩擦副的摩擦力，减轻机件的磨损所进行的作业。其工作内容包括：按照汽车的润滑图表和规定的周期，用规定牌号的润滑油或润滑脂进行润滑；各油嘴、油杯和通气塞必须配齐，并保持畅通；发动机、变速器、转向器、驱动桥等应按规定补充、更换润滑油。

紧固作业是为了使各部机件连接可靠，防止机件松动。汽车在运行中，由于振动、颠簸、热胀冷缩等原因，会改变零部件的紧固程度，以致零部件失去连接的可靠性。紧固工作的重点应放在负荷重且经常变化的各部机件的连接部位上，应及时对各连接螺栓进行必要的紧固和配换。

调整作业是保证各总成和机件长期正常工作的重要环节。调整作业的好坏，与减少机件磨损、保持汽车使用的经济性和可靠性有直接的关系。调整作业内容主要是按技术要求，恢复总成、机件的正常配合间隙及工作性能等。

四、现代汽车维护的作业规范及作业范围

1. 作业规范

维护作业包括上述所讲的清洁、检查、紧固、润滑、调整和补给等内容。一般除主要总成发生故障必须解体外，不得对车辆总成进行解体，这就明确了维护和修理的界限。车辆进行维护时，不能对其主要总成大拆大卸，只有在发生故障需要解体时方可进行解体。很显然，与过去的维护制度相比，现行的维护制度进行了以下规范：

①取消了整车解体式的三级维护。生产实践证明，对主要总成大拆大卸的工艺方法是不科学的，也是不符合技术经济原则的。同时，三级维护作业内容既有维护作业又有修理作业，不便于维护和修理的区分。

②没有对各级维护周期做统一规定，由省、直辖市、自治区按车型，结合本地区具体情况提出统一的维护周期，但制定了车辆维护技术规范以保证车辆的维护质量。

③对季节性维护做了规范。当车辆进入冬、夏两季运行时，一般结合二级维护对车辆进行季节性维护。

2. 作业范围

现代汽车各类维护的作业范围（根据 GB/T 18344—2016）如表 1 – 1 所示。

表 1 – 1 现代汽车各类维护的作业范围

维护种类	作业范围
日常维护	日常维护作业以清洁、补给和安全性能检视为核心内容。其主要是： ①坚持"三检"，即在出车前、行车中、收车后检视车辆的安全机构及各部机件连接的紧固情况； ②保持"四清"，即保持润滑油、空气、燃油滤清器和蓄电池的清洁； ③防止"四漏"，即防止漏水、漏油、漏气和漏电。
一级维护	一级维护作业中心内容除日常维护作业外，以润滑、紧固为作业中心内容，并检查有关制动、操纵等系统中的安全部件。
二级维护	二级维护作业中心内容除一级维护作业外，以检查、调整制动系统、转向操纵系统、悬架等安全部件为作业中心内容，并拆检轮胎，进行轮胎换位，检查调整发动机工作状况和汽车排放相关系统等。
季节性维护	由于冬、夏两季的温差大，为使车辆在冬、夏两季可以合理使用，在换季之前应结合定期维护，并附加一些相应的项目，使汽车适应气候变化的运行条件，这种附加性的维护称为季节性维护。
免拆维护	免拆维护是指在突出"不解体"的前提下，用专用设备及保护用品对汽车燃油系统、冷却系统、润滑系统、制动系统、空调系统以及自动变速器等进行清洁和补给的维护。

二级维护

五、汽车维护周期

根据《道路运输车辆技术管理规定》，道路运输经营者和私家车主应当依据国家有关标准和车辆维修手册、使用说明书等，结合车辆类别、车辆运行状况、行驶里程、道路条件、使用年限等因素，自行确定车辆维护周期，确保车辆正常维护。

日常维护周期为出车前、行车中和收车后。汽车一级维护、二级维护周期的确定应以行驶里程间隔为基本依据，行驶里程间隔执行车辆维修资料等有关技术文件的规定；对于不使用行驶里程间隔统计、考核的汽车，可用行驶时间间隔确定一级维护、二级维护的周期。

当前数量庞大的进口、合资及自主品牌私家车各车型的维护保养规定与我国道路运输车辆的强制维护规定的内容有所不同，为保证这些汽车的合理使用和行车安全，在汽车实际维护保养工作中应以生产厂家规定内容为准。

任务二 汽车维护操作安全

1. 明确车间安全的重要性；
2. 掌握保障车间人身安全的基本原则，包括各个部位的防护方法。

任务导入

一个维修企业生产效益一直不是很理想，企业负责人很苦恼，决定新聘任一位车间主任，对企业的内部生产进行管理。新的车间主任上任后，发现维修车间管理不规范，维修技师对车间内的安全防护、环境卫生等方面不注意，导致客户认为企业业务能力不足。你对维修企业的维修安全常识了解吗？

知识学习

在所有的汽车维修车间内，最重要的就是安全。由于汽车维修行业的特点和所用的设备，使得在车间里存在严重的事故隐患。事实上，汽车维修行业被认为是最需要安全防护的行业之一。

良好职业行为规范

车辆、设备和许多零件都很重，而且零部件之间安装得非常紧固，不能拆开搬运；许多元件在运转过程中会很热，另外在冷却系、燃料系或蓄电池中会形成很高的液体压力；蓄电池中装的酸性物质具有强烈的腐蚀性和潜在的爆炸危险；燃料和清洁剂都是易燃的，而且发动机燃烧产生的废气有很强的毒性；进行某些维修时，修理工完全暴露在有害的尘粒和烟雾中。

良好的安全操作会减少或消除这些潜在的危险，粗心的工作态度和不良的工作习惯会导致灾难。车间事故会造成严重的伤害，导致暂时或永久的残疾甚至死亡，因此，车间内的每个人都对车间安全负有责任，必须共同努力，保护健康和安宁。

一、汽车维修个人安全知识

简单地说，个人安全就是保护好自己免受伤害，包括使用防护装置、穿戴安全、职业行为和正确地使用工具和设备。

1. 眼睛的防护

维修车间的很多情况会使工作人员的眼睛发生感染或永久损伤。有些作业（如磨削）会散发出高速运动的细小金属颗粒和尘埃，这些金属颗粒和尘埃很容易进入作业者的眼睛中，将眼球擦伤或割伤。从有裂纹的管子或管接头中泄漏出的压力气体和液体可以喷射很远的距离，这些化学品进入眼睛会导致失明。在汽车底下进行作业时，从腐蚀的金属上脱落下来的碎屑很容易落入眼睛中。

当工作环境存在损伤眼睛的风险时，就要戴上安全眼镜，对眼睛进行保护。可供使用的护目器材有多种，如图 1-3 所示。为了对眼睛进行足够的保护，安全眼镜的镜片要由安全玻璃制成，还要对眼部侧面进行防护。普通眼镜不能对眼睛提供足够的防护，因此，普通眼镜不能作为安全眼镜使用。在车间里戴普通眼镜时，应该佩戴防护面罩。

图 1-3 常见的护目器材

佩戴安全眼镜工作是个良好习惯，为了养成这样的习惯，应该选择舒适的安全眼镜。

进行某些作业时，应该佩戴其他护目器材，而不是安全眼镜。例如，维修汽车制冷系统时，就应当戴着防溅护目镜；用压力喷射清理零部件时，就要戴上防护面罩，防护面罩不仅能对眼部进行保护，还能对面部进行保护。

当蓄电池酸液、燃油、溶剂等化学品进入眼睛时，要用清水长时间冲洗眼睛，还要及时让医生进行药物处理。

许多维修车间都设有洗眼池和安全淋浴，当有化学品不慎溅入眼睛时，可以及时进行清洗。

2. 服装及装束要求

（1）服装

工作时穿的服装不但要合体舒适，还要结实。图 1-4 为汽车维修技师工作着装的对比。不要穿宽松的服装，因为很容易被运动的零部件和机器挂住，也不要系领带。有些维修技师喜欢将工作服套在自己的衣服外面，这也不合适，穿工作服是为了保护自己，而且不能妨碍自己的活动。

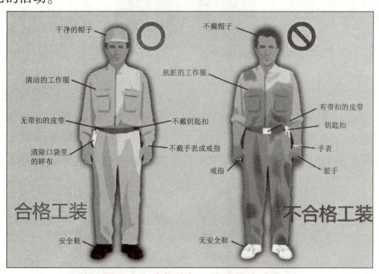

图 1-4 维修技师工作着装的对比

（2）头发

和宽松的衣服一样，蓬松的长发和悬挂的饰物也很容易引发事故。在靠近运动的零部件和机器时头发很可能被挂住，如果头发长，工作时就应将其扎在脑后，或者塞到帽子

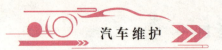

里；也不要戴戒指、手表、手镯和项链等饰物，这些都很容易被运动的零部件挂住，造成严重损伤。

（3）鞋

维修汽车时会搬运很多重物，这些重物意外掉落会砸到脚面或脚趾上，所以，一定要穿用皮革或类似材料做成的并具有防滑底的鞋或者靴子，如图1-5所示。安全鞋可以增强对脚部的保护，运动鞋、休闲鞋和凉拖鞋都不适合在车间穿。

图1-5　安全鞋

（4）手套

维修人员常常忽视对手的保护。戴上手套不仅可以保护手，避免损伤手，防止通过手染上疾病，也能使手保持干净。在进行不同的作业时，要选戴不同类型的手套，对手进行保护。进行磨削、焊接作业或拿高温物件时，应该戴上厚手套。在处理强腐蚀性或危险性化学品时，应该戴上聚亚安酯或维尼龙手套，如图1-6所示，以免皮肤被化学品烧伤。戴上乳胶手套和橡胶手套可以防止油污沾在指甲上，预防疾病。乳胶手套戴起来很舒服，但在接触汽油、机油和溶剂时很容易损坏。橡胶手套戴起来不如乳胶手套舒服，但不怕汽油、机油和溶剂。

图1-6　维尼龙手套

3. 呼吸系统防护

汽车维修人员经常在有毒化学气体环境中工作。不论是暴露在有毒气体中还是在过量尘埃中，都要戴上呼吸器或呼吸面罩，如图1-7所示。用清洗剂清洗零部件和喷漆时需要戴上呼吸面罩，处理吸附了灰尘的部件或有害物质时，也一定要戴上呼吸面罩。

（a）可重复使用的全面罩　　（b）一次性的半面罩

图1-7　呼吸面罩

4. 耳朵保护

在噪声级很高的环境里时间过长，会导致听力下降甚至丧失。气动扳手、发动机带负荷运转、汽车在封闭空间里运转，都会产生恼人并有害的噪声。在经常有噪声的环境里，应该戴上耳罩或耳塞。常见耳塞的种类如图1-8所示。

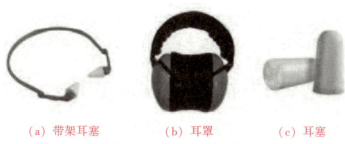

(a) 带架耳塞　　　　　(b) 耳罩　　　　　(c) 耳塞

图1-8　常见耳塞的种类

5. 举升和搬运

掌握举升和搬运物品的正确方法非常重要，而且举升和搬运物品时，也要采取保护措施。只能举升和搬运那些在个人能力范围内的物品；对搬运物品的尺寸和质量没有把握时，应该找人帮忙。搬运任何物品时都应遵循以下方法，如图1-9所示。

①双脚要靠近搬运的物品，这样有利于在搬起物品时保持身体平衡。

②尽量使背部和肘部保持伸直，弯曲双膝，将双手放到能够牢牢抓住物品的最佳位置。

图1-9　搬运物品的合理姿势

③如果物品装在纸箱内，一定要确认箱子是结实的。旧的、潮湿的和封闭不良的纸箱很容易被撕烂，其中的物品就会掉落。

④双手要抓牢物品或容器，在抬起物品移动时，不要再改变手的位置。

⑤将物品靠近身体，通过伸直双腿举起物品，要利用双腿的肌肉，而不要用背部的肌肉。

⑥不要通过扭转身体来改变移动方向，一定要转动包括双脚在内的整个身体。

⑦将物品放到货架或柜台上时，不要向前弯曲身体，应将物品的边缘先放在货架上，然后向前推物品，注意不要将手指夹住。

⑧在放下物品时，弯曲膝盖，但要挺直背部，不要向前弯曲身体，否则会拉伤背部肌肉。

⑨将物品放到地面上时，应将物品放在木头垫块上，以保护手指免受损伤。

二、工具设备的使用安全及环境安全

汽车维修人员终日与工具设备打交道，许多事故是因为对工具设备使用不善和使用时粗心大意引起的。维修汽车时需注意以下安全规则：

1. 手工工具的使用安全

①选择大小和类型都合适的手工工具来做一项工作，而且只用指定做该项工作的手工工具。

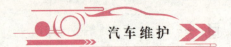

手动维修工具

②保持手工工具处于良好状态，例如保持切削工具有合适的磨锋，不用时应存放在安全处。

③切勿把尖的或削尖的工具放在衣袋里。

④加工小零件时，应把它们夹在台虎钳或夹紧装置上。

⑤手柄活动或断裂的工具应修理或更换。

⑥选用的凿子，刀口至少要同待加工的凿口一样大。不要用凿子或冲子去冲坚硬部件，如固定销。切勿用錾子、冲子或刮刀当撬棍，过大的力会损坏或折断工具。

⑦多次敲击后，冲子和凿子的锐边可能折断或形成圆形头，应对其打磨，保持它们的头部平滑。

⑧当使用切削工具时，一定要使金属屑飞离身体，使双手以及手指处在刀口的后面。手柄应清洁、干燥，确保牢固地握住手柄。

⑨切勿用锤敲击锉刀或把锉刀当作撬棍用。使用锉刀时，锉削行程总是朝向远离自己的方向并用锉刷刷净锉刀。

⑩一字或十字旋具只能用来拧螺栓，切勿当作冲子或撬棍用。确保旋具的刀刃完全固定到螺栓槽中，不正确的配合可能损坏螺栓槽和旋具刀刃。保持旋具刀刃垂直于螺栓槽，使滑移量减至最少。

⑪使用敲击工具时，最好要佩戴合适的眼睛保护装置。对坚硬表面应用软锤。切勿用一手锤敲打另一手锤，否则手锤将会损坏或敲碎，且飞出的碎片容易伤人。

⑫作业中应使用大小合适的扳手。打滑的扳手会损坏螺栓头和螺母，且引起人身伤害。使用扳手时，应对扳手施加垂直的、均匀的拉力。若必须推扳手，则用手掌根部，不

要用手指抓住扳手。扳手不得翘起来，否则会使接触点受力增加，导致扳手损坏。

⑬不要用管子来加长扳手，在过大的作用力下，扳手或螺栓会打滑或断裂，如图1-10所示。也不要把扳手当锤子用，除非该扳手有此特定用途。

图1-10 扳手的错误使用

⑭更换有裂纹或已磨损的扳手。不要试图把弯曲的扳手矫直，这样只会进一步降低它的强度。

⑮鲤鱼钳有固定、夹紧、挤压和剪切作用，但不能用于转动。不要用鲤鱼钳代替扳手，因鲤鱼钳会打滑而损坏螺栓头和螺母。

⑯动力、手动或冲击工具的套筒不应互换使用，否则会导致工具损坏或人员伤害。

⑰扭力扳手只用于拧紧螺栓或螺母，不应把它当作一般扳手来使用。

2. 动力工具设备的使用安全

以电力或压缩空气为动力的工具设备称为动力工具设备，使用时需要注意以下事项：

①对动力工具设备的操作不了解或未经正确使用培训，切勿操作动力工具设备。

②开动动力工具设备前，应确信没有别的物件会碰到设备的运转部件。

③全部电动工具都必须搭铁，除非是双绝缘式的。不要使用两脚插头插入三脚插座（第三脚是设备地线）。切勿使用卸下第三脚的插头的设备。

④动力工具设备正在运转或电源接通时，切勿试图调整、上油或清洁，将全部防护装置按照顺序保存在适当位置。

⑤确保气动工具和管路正确连接。

⑥当不用动力工具设备时，应关闭电源和拔出插头，并把设备返回到适当位置。

⑦操作某些动力设备时，应按规定戴安全眼镜、手套、面罩等保护用品。如在砂轮机修磨机件时须戴安全眼镜，如图1-11所示。

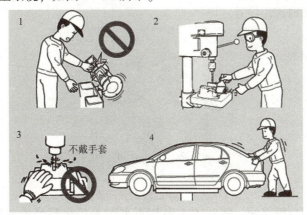

图1-11 使用动力设备时的安全规范

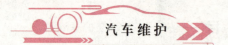

⑧在没有得到正确操作程序说明书时，不要开动任何动力设备。开动动力设备前应阅读使用说明书，学会正确使用设备和了解它的局限性。确保全部保护装置就位。

⑨操作动力设备要全神贯注，不要环顾其他或与别人交谈。工作场所应清洁、明亮，切勿在潮湿的地方工作。

⑩如图1-12所示，不要从插座上猛拉电线或将汽车和设备压在电线上。

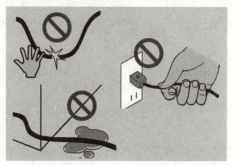

图1-12　电线的错误操作

⑪使用前，检查动力设备是否有故障。接通动力设备之前应做好所有调整工作。每当去掉安全设施进行调整、更换刀具或修理时，都要关掉动力设备电源，拔出插头。在检查期间，应锁上主开关和加上标记，或使断开的动力线随时看得见。

⑫操作时要等待动力设备全速稳定运转后才能开始工作。

⑬在动力设备完全停止后方可离开现场。手与任何刀具或运转零件之间要保持安全距离，手不要伸得太长，要保持身体平衡。

三、环境安全

1. 工作场地

车间安全知识

工作场地要保持干净和安全，地面和工作台面要保持清洁、干燥和有序。地面有了机油、冷却液或润滑脂后会变得很滑，滑倒会造成严重损伤，如图1-13所示，可以用吸油剂清除油污。要保持地干燥无水，地面有水后也会变得很滑，而且很容易导电。走廊和过道应该保持通畅和干净，并留出足够的宽度，能够方便地通过。设备周围的作业区域要足够大，保证能够安全地操作设备。

图1-13　湿滑的地面会造成伤害

所有水渠都要用盖板盖好，敞开的水渠和不平的盖板很容易造成脚趾、脚踝和腿部受伤。

在电话附近要张贴最新的包括医生、医院、消防部门和警察部门在内的紧急电话号码；工作场所还要备有急救箱，如图 1 - 14 所示，以便对一些轻伤进行处理，还要有眼睛冲洗包随时备用，要知道这些应急用品的存放地点。

图 1 - 14 典型的急救箱

2. 汽油及易燃液体

汽油是一种易燃的挥发性液体，易燃品遇火后很容易燃烧，而且挥发性液体可以很快蒸发，易燃的挥发性液体就是潜在的燃烧弹。一定要将汽油和柴油装在安全油箱中，如图 1 - 15 所示。不要用汽油擦洗手和工具。

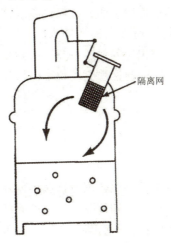

隔离网

图 1 - 15 安全储存汽油的容器

要小心地处理各种溶剂（或液体），以防泄漏。除了倒出溶剂时，其他时间盛装溶剂的容器要保持密封。保持使用溶剂和化学品的区域适当通风也非常重要。溶剂和其他易燃物品必须存放在符合安全要求的专用储存柜中或房间中。

从大容器中倒出易燃物品时要格外小心，静电产生的火花能够引起爆炸。用过的溶剂容器要及时清理，因为容器底部残余的溶剂非常易燃。不要在易燃溶剂和化学品（包括蓄电池电解液）附近点火或吸烟。

沾油抹布也要存放在符合标准的金属容器中；如果将沾有机油、润滑脂或油漆的抹布随意丢弃或存放不当，很容易产生自燃。自燃是由物品自身状态而不是由其他火源点燃引起的着火现象。

3. 蓄电池

维修汽车电气系统或进行焊接作业之前，要断开汽车蓄电池，以防由电气系统引起的着火和伤害。断开汽车蓄电池就是将负极电缆从蓄电池上拆下，并将其放置在远离蓄电池的地方。

4. 防火安全

要了解车间里所有灭火器的放置地点及适用的火险类别，在灭火器标签上都清楚地标明了灭火器的类型及其适用的火险类别。灭火时，一定要使用适合火险类别的灭火器，适当类型的灭火器能够使火焰窒息。通用干粉灭火器适用于扑灭一般易燃物、易燃液体和电气着火。汽油着火时，切不可向火中浇水，水会使火焰进一步蔓延。

灭火时，要站在距离火焰 3 m 以外，将灭火器牢牢地向上拿住，对准火焰根部来回摆动喷嘴，扫过整个火焰区，低下身子以免吸入烟气。如果温度太高或烟气太大，就要撤离。谨记，无论如何不要返回着火的建筑物内。

汽车维修常用灭火器有手提泡沫灭火器、鸭嘴式开关灭火器、干粉灭火器、手提式 1211 灭火器等，使用方法如下：

①使用手提泡沫灭火器救火时，应用一只手握着灭火器上端的提环，另一只手握着灭火器的底边，把灭火器倒转过来并摇动几下，灭火泡沫就会从喷嘴喷出。

②使用鸭嘴式开关灭火器时，先将灭火器提到着火处，将喷嘴对准火焰，拔出开关的保险销，握紧喇叭柄，将上面的鸭嘴向下压，二氧化碳气体即从喷嘴喷出。

③使用干粉灭火器时，先将干粉灭火器送到火场，需要上下颠倒几次，在离着火点 3～4 m 处撕去灭火器上的封记，拔出保险销，一只手握紧喷嘴对准火源，另一只手的大拇指将压把按下，干粉即可喷出，迅速摇摆喷嘴使粉雾横扫整个火区，由近而远向前推移可很快灭火。

5. 危险废弃物

汽车维修企业可以说是一个产生危险废弃物的地方，所维修的汽车就是产生危险废弃物的机器。新机油不是有害废弃物，废机油才是，一旦将机油从发动机里放出来，便产生了一种废弃物，这时，一定要有责任心地合理处置这种危险废弃物。还有很多从车上卸下来的其他废弃物需要进行正确的处理，如蓄电池、制动液和自动变速器油等。

发动机冷却液不允许倒入下水道，所有从车上排放出来的液体都不允许这么做，可以将冷却液回收并再利用或进行正确处理。

汽车上的各种油液滤清器（自动变速箱油、燃油和机油滤清器）也需要按照规定的方法处理。旧滤清器应当将液体排空并压碎或用特殊的转运桶盛放，多数国家规定机油滤清器在处理或压碎之前至少要排油 24 h。

（1）汽车维修产生的废弃物的种类

①喷漆和车身修理产生的废弃物。

②清洗零件和设备的溶剂。

③蓄电池和蓄电池酸性溶液。

④用于清洗金属和预备喷涂表面的弱酸。

⑤废机油、发动机冷却液和防冻液。

⑥空调制冷剂。

⑦机油和滤清器。

（2）处理危险废弃物的禁用方法

①将危险废弃物倒在杂草上来除掉杂草。

②将危险废弃物倒在铺满沙砾的街道上以防止灰尘。

③将危险废弃物扔到垃圾桶里。

④在许可的处理厂以外的地方处理危险废弃物。

⑤将危险废弃物倒入下水道、洗手间、水池或地面排水管里。

⑥将危险废弃物埋入地下。

（3）处理废弃物和带有污物的废油应遵守的原则

①避免产生废弃物。

②回收利用废弃物。

③在无法避免产生废弃物和无法循环利用废弃物的情况下，对废弃物进行分离、分类和废弃处理，如图1-16所示。

图1-16 分类回收废弃物

回收利用的意义在于，将已知来源的废油、有色金属废料、纸张等有价值物品作为原料再次投入经济循环中。除回收利用外也可以通过回收循环转化为能量，转化为能量时在不污染环境的情况下燃烧这些废弃物并利用其产生的热能。

一些废弃物无法回收利用，其中包括来自沉积物收集装置的物质、带有污物的废油、清洗零件后的油水混合物，这些废弃物必须按环保要求清除。

四、日常安全守则

①工具不使用时应保持干净并放到正确的位置。

②各种设备和工具要及时检查和保养。

③手上应避免油污，以免工具滑脱。

④起动发动机的车辆应保证驻车制动正常。

⑤不要在车间内乱转。

⑥在车间内起动发动机要保持通风良好。

⑦在车间内穿戴、着装要合适，并佩戴必要的装备，如手套、安全眼镜、耳塞等。

⑧不要将压缩空气对着人或设备吹。

⑨尖锐的工具不要放到口袋里，以免扎伤自己或划伤车辆。

⑩常用通道上不要放工具、设备、车辆等。

⑪用正确的方法使用正确的工具。

⑫手、衣服、工具应远离旋转设备或部件。

⑬开车进出车间时要格外小心。

⑭在极疲劳或消沉时不要工作，这种情况会降低注意力，有可能导致自身或他人的伤害。

⑮如果不知道车间设备如何使用，应先向明白的人请教，以得到正确、安全的使用方法。

⑯用举升器或千斤顶升起车辆时一定要按正确的规程操作。

⑰应知道车间灭火器、医疗急救包、洗眼处的位置。

任务三 汽车维修常用工具、测量仪器和设备的使用

知识目标

1. 能够熟悉各种常见通用维修工具的使用及注意事项；
2. 掌握正确选用各种常见通用维修工具的方法；
3. 了解汽车维修中常见测量仪器的名称、规格和工作原理；
4. 熟悉汽车维修过程中常用测量仪器的正确使用方法和读数方法；
5. 能够正确掌握汽车维修中常用测量仪器的维护和存放方法；
6. 掌握车间内各种设备的使用及注意安全事项；
7. 明确车间各种危险物品的保存方法。

能力目标

1. 能够正确使用日常维修作业中的常用工具；
2. 能够正确使用常用的测量仪器和设备；
3. 能够对日常使用的工具和设备实施必要的维护操作。

任务导入

汽车维修企业最近新招聘了一批实习维修技师。在他们的作业中经常出现客户车辆的维修部件损坏现象，而且还有人员受伤的情况发生。

内训师（维修企业负责技术培训的讲师）通过观察新进实习维修技师的作业方法，发现他们对大部分工具和设备使用不当，导致零件损坏和人员受伤。你知道常用维修工具有哪些吗？都如何正确使用？

知识学习

常言道"工欲善其事，必先利其器"，对于汽车维修工作来讲也有"三分技术，七分工具"的说法，由此可见，正确地选用工具对汽车维修来说是何等重要。但很多维修人员不太重视工具、测量仪器和设备的使用方法，导致不能顺利完成维修工作。使用工具、测量仪器和设备的基本要求如下：

①了解正确的功能。学习每件工具、测量仪器和设备的功能，如果用于规定之外的方面，工具、测量仪器和设备会损坏，而且零件也会损坏或者导致工作质量降低。

②了解使用的正确方法。每件工具、测量仪器和设备都有规定的操作程序，要确保在工作部件上正确使用工具、测量仪器和设备，用在工具与测量仪器上的力要恰当，工作姿势也要正确。

③正确选择工具、测量仪器和设备。要根据零件形状和工作场地选择适合的工具、测量仪器和设备。例如，根据尺寸、位置和其他条件的不同，有不同的工具可用于松开螺栓。

④力争保持安排有序。工具、测量仪器和设备要放在容易拿到的位置，使用后要放回原来的正确位置。

⑤严格工具、测量仪器和设备的维护与管理。工具、测量仪器和设备要在使用后立即清洁并在需要的位置涂油，如需要修理就要立即进行，这样工具、测量仪器和设备就可以永远处于完好状态。

常用的维修工具、测量仪器和设备是每一个维修企业开办的必备条件，认识和掌握这些维修机具对规范维修操作、保证维修质量、提高工作效率至关重要。

一、常用工具的使用

汽车维修常用工具包括套筒、扳手、钳子、螺丝刀、电动及气动工具等。

1. 扳手

扳手是汽车修理中最常用的一种工具，主要用于扭转螺栓、螺母或带有螺纹的零件。如果扳手选用不当或使用不当，不但会造成工件和扳手损坏，还可能引发危及人身安全方面的事故。因此，正确地选用和使用扳手显得尤为重要。

扳手种类繁多，常见的有梅花扳手、开口扳手、套筒扳手、活动扳手等。在拆卸螺栓时，应按照"先套筒扳手、后梅花扳手、再开口扳手、最后活动扳手"的选用原则进行选取。

在选用扳手时，要注意扳手的尺寸，尺寸是指扳手所能拧动的螺栓或螺母正对面间的距离。例如扳手上标示 22 mm，即此扳手所能拧动螺栓或螺母棱角正对面间的距离为22 mm。

现在常见的工具都有公制、英制两种尺寸单位。公制和英制之间的换算关系为：

$$1 \text{ mm} = 0.039\ 37 \text{ in}$$

注意：禁止使用一种单位系统的扳手旋动另外一种单位系统的螺栓或螺母。严禁锤击扳手以增加力矩，否则会造成工具损坏。

（1）套筒扳手

套筒扳手是拆卸螺栓最方便、灵活而且安全的工具。使用套筒扳手不易损坏螺母的

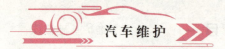
棱角。

①套筒头,应口根据工作空间、扭矩要求、螺栓或螺母的尺寸选用。根据尺寸大小,套筒头有大、中、小三种,大的一种可以获得比小的一种更大的扭矩。

根据钳口形状、套筒头分为双六角形和六角形,如图1-17所示。六角形套筒与螺栓、螺母的表面有很大的接触面,这样就不容易损坏螺栓、螺母的表面;双六角形套筒各角之间只间隔30°,可以很方便地套住螺栓,适于在狭窄的空间中拆卸螺栓。

图1-17 套筒头钳口的两种形状

双六角形套筒不能拆卸大扭矩或棱边已经磨损的螺栓,因为它与螺栓的接触面小,容易损坏螺栓的棱角或出现滑脱而产生安全事故。

②套筒接合器,也称套筒转换接头,是将现有的不同尺寸规格的手柄和套筒配合使用,例如,10 mm系列的手柄接12.5 mm系列的套筒,或者12.5 mm系列手柄接10 mm系列套筒等都需要套筒转换接头。套筒转换接头有两种,一种是"小"变"大",另一种是"大"变"小",如图1-18所示。

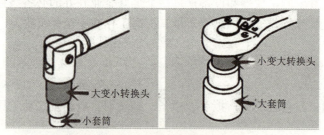

图1-18 套筒接合器的使用方法

套筒接合器在使用过程中,必须要控制扭矩的大小。因为套筒和手柄经过转换后,不是同一尺寸范围,如果按照原来的尺寸施加力矩,就会损坏套筒或手柄,如图1-19所示。

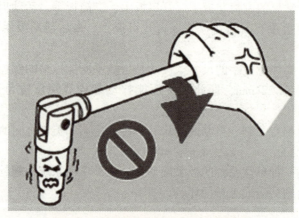

图1-19 使用套筒接合器的注意事项

套筒扳手与配套手柄是垂直连接的，在车辆上很多地方套筒是无法伸入的，这时候万向节（万向接头）将提供最大的方便，它可以提供比可弯式接头更大的变向空间，如图 1-20 所示。

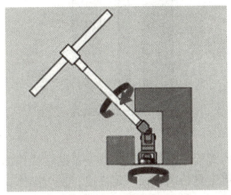

图 1-20　万向节的使用方法

万向节的方形套头部分可以前后或左右移动，配套手柄和套筒之间的角度可以自由变化，如图 1-21 所示。其工作原理与前置后驱汽车传动轴使用的万向节基本相同。

万向节

图 1-21　万向节的结构

如图 1-22 所示，使用万向节时，不要使手柄倾斜较大角度来施加扭矩，应尽可能在接近垂直状态下使用，因为偏角过大会使扭矩的传递效率降低；使用气动工具时严禁使用万向节，因为球节由于不能吸收旋转摆动会发生脱开情况，造成工具、零件或车辆损坏，甚至造成人身伤害。

手柄不要
倾斜角度过大

使用气动工具时
禁止使用万向节

图 1-22　使用万向节的注意事项

③接杆，也称延长杆或加长杆，是套筒类成套工具不可缺少的一部分。日常汽车维修作业中，有 75 mm、125 mm、150 mm 和 250 mm 等不同长度的接杆供选用，即我们常说的长接杆和短接杆。

接杆的主要作用是加装在套筒和配套手柄之间，用于拆卸和更换装得很深，仅凭套筒和手柄无法接触的螺栓、螺母，如图 1-23 所示。

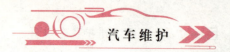
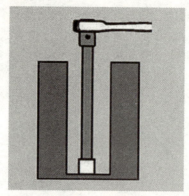

图 1 - 23　接杆的使用方法（一）

　　另外，在拆卸平面上的螺栓、螺母时，工具会紧贴在操作面上，妨碍正常拆卸，甚至会产生安全事故，接杆可将工具抬离平面一定高度，便于操作，如图 1 - 24 所示。

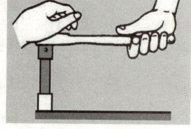

（a）不合理的操作　　　　　　　　（b）接杆的作用

图 1 - 24　接杆的使用方法（二）

　　有很多接杆经过改进后具有特殊功能，如转向接杆和锁定接杆等。所谓转向接杆，是指普通接杆与套筒连接的方榫部，经过改进再装上套筒后，会产生 10°左右的偏角，因而使用非常方便。锁定接杆是指接杆具有套筒锁止功能，也就是说，在使用过程中再也不用为套筒或万向节的掉落而烦恼了。

　　注意：禁止把接杆当冲子使用。

　　④手柄，是装在套筒上用于扳动套筒的配套工具，如果没有配套手柄，套筒将无法独立工作。手柄可分为滑杆、旋转手柄、棘轮手柄。

　　a. 滑杆，也称滑动 T 型杆，是套筒专用配套手柄，横杆部可以滑动调节。通过滑动方榫部分，滑杆可以有两种使用方法，如图 1 - 25 所示。方榫位置在一端，形成 L 形结构，从而增加力矩，达到拆卸或紧固螺栓的目的，与 L 型扳手类似；方榫部分在中部位置，形成 T 形结构，两只手同时用力，可以加快拆卸速度，但要求的工作空间很大。

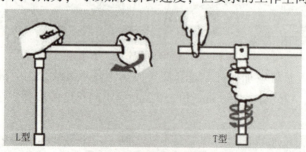

L型　　　　　　　　　　　　　　T型

图 1 - 25　滑杆的使用方法

注意：当拆卸扭矩过大时，禁止在滑杆上再加装套管或用锤子捶击，否则会造成工具或螺栓损坏。

b. 旋转手柄，也称摇头手柄或扳杆，可用于拆卸或更换要求大扭矩的螺栓或螺母，也可在调整好旋转手柄后进行迅速旋转，如图 1-26 所示。但旋转手柄很长，很难在狭窄空间下使用。旋转手柄头部可以作铰式移动，这样可以根据作业空间要求调整手柄的角度。

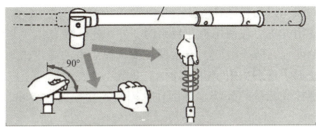

图 1-26　旋转手柄的使用方法

注意：滑移旋转手柄直到其碰到使用前的锁紧位置。如果不在锁紧位置上，旋转手柄在工作时可以滑进滑出，这样会改变维修人员的工作姿势并造成人身伤害。

c. 棘轮手柄。棘轮手柄是最常见的套筒手柄，如图 1-27 所示。

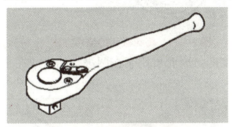

图 1-27　棘轮手柄外部形状

棘轮手柄头部设计有棘轮装置，在不脱离套筒和螺栓的情况下，可实现快速单方向的转动。如图1-28所示，通过调整锁紧机构可改变其旋转方向：将锁紧机构手柄调到左边，可以单向顺时针拧紧螺栓或螺母；将锁紧机构手柄调到右边，可以单向逆时针松开螺栓或螺母。

图 1-28　棘轮手柄的换向功能

棘轮手柄使用方便但不够结实，因此不要使用棘轮扳手对螺栓或螺母进行最后的拧紧。另外，严禁对棘轮手柄施加过大的扭矩，否则会损坏内部的棘爪结构。

有些棘轮扳手设计有套筒锁止及快速脱落功能，只需单手操作，可防止在使用过程中

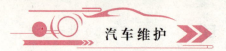

套筒或接杆脱落。使用时，按下锁定按钮，将套筒头套入棘轮扳手的方榫中，松开锁定按钮，套筒即被锁止，如再次按下锁定按钮，即可解除套筒锁定。

（2）梅花扳手

①梅花扳手的结构特点。梅花扳手两端呈花环状，其内孔是由 2 个正六边形相互同心错开 30°而形成的。很多梅花扳手都有弯头，常见的弯头角度在 10°～45°，从侧面看旋转螺栓部分和手柄部分是错开的，这种结构方便于拆卸装配在凹陷空间的螺栓或螺母，并可以为手指提供操作间隙，以防止擦伤。

②梅花扳手的使用方法。在使用梅花扳手时，左手压住梅花扳手与螺栓连接处，保持梅花扳手与螺栓完全配合，防止滑脱，右手握住梅花扳手另一端并加力。扳手转动 30°后，就可更换位置。梅花扳手特别适用于拆装处于空间狭小位置的螺栓或螺母。

梅花扳手可将螺栓或螺母的头部全部围住，因此不会损坏螺栓角，可以施加大力矩，如图 1 - 29 所示。

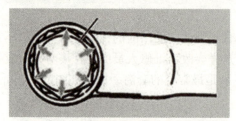

图 1 - 29　梅花扳手的使用方法（一）

由于梅花扳手是有角度的，因此可用于在凹进空间里或在平面上旋转螺栓或螺母，如图 1 - 30 所示。

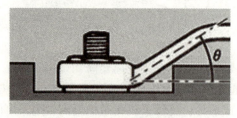

图 1 - 30　梅花扳手的使用方法（二）

注意：严禁使用带有裂纹和内孔已经严重磨损的梅花扳手。

（3）开口扳手

①开口扳手的结构特点。开口扳手两头均为 U 形的钳口，可套住螺栓或螺母六角的两个正对面。开口扳手主要适用于无法使用套筒扳手和梅花扳手操作的位置，因为有些螺栓或螺母必须从横侧插入，此时开口扳手可以做到，而其他扳手则不行，如图 1 - 31 所示。

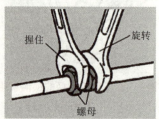

握住　　旋转

螺母

图 1 - 31　开口扳手的使用方法（一）

开口扳手的钳口与手柄存在一定的角度，这样可以通过反转开口扳手来增加适用空间，如图 1 - 32 所示。

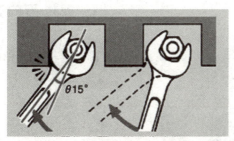

图 1 - 32 开口扳手的使用方法（二）

②开口扳手的选用。选用开口扳手时，要根据螺栓头部的尺寸来确定合适的型号，并确保钳口的直径与螺栓头部直径相符，配合无间隙，然后才能进行操作。

注意：开口扳手不能提供较大扭矩，因此不能用于最终拧紧。禁止将开口扳手当作撬棍使用，这样会损坏工具。

（4）活动扳手

①活动扳手的结构特点。活动扳手也称可调扳手，适用于尺寸不规则的螺栓或螺母，它能在一定范围内任意调节开口尺寸，如图 1 - 33 所示。一个活动扳手可用来代替多个开口扳手。活动扳手由固定钳口和可调钳口两部分组成，扳手的开度大小通过调节螺杆进行调整。

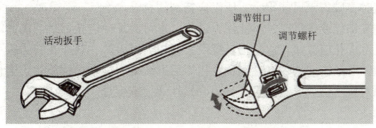

图 1 - 33 活动扳手及调节机构

②活动扳手的使用方法。使用活动扳手时应先将钳口调整合适，使钳口与螺栓或螺母两对边完全贴紧，不应存在间隙。使用时，要使活动扳手的可调钳口部分受推力，固定钳口受拉力，只有这样施力，才能保证螺栓、螺母及扳手本身不被损坏，如图 1 - 34 所示。如果不按照这种方法转动扳手，会使压力作用在调节螺杆上，在施力时促使钳口变大，将损坏螺栓或螺母的棱角和扳手本身。

图 1 - 34 活动扳手的正确使用方法

注意：严禁将活动扳手当作锤子来使用，这样会使活动扳手损坏。

（5）扭力扳手

扭力扳手主要用于有规定扭矩值的螺栓或螺母的装配，如气缸盖、连杆、曲轴主轴承等处的螺栓，如图 1 - 35 所示。

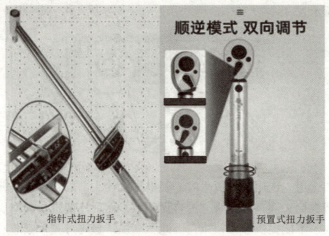

图 1 - 35　常用扭力扳手

①指针式扭力扳手，结构相对比较简单，其数值可通过刻度盘读出。汽车维修中常用扭力扳手的规格为 300 N·m。使用指针式扭力扳手时，应注意左手在握住扳手与套筒连接处时，不要碰到指针杆，否则会造成读数不准。

②预置式扭力扳手，可通过旋转手柄，预先调整扭矩，达到设定扭矩时，扳手会发出警告声以提示操作者。当听到"咔嗒"声响后，立即停止旋力以保证扭矩正确。当扳手设在较低扭矩值时，警告声可能很小，所以应特别注意。

注意：拧紧螺栓或螺母时，不能用力过猛，不可施加冲击扭力。当旋紧阻力不断增加时，旋转的速度应相应放缓，以免损坏螺纹。当扭力过大时，禁止在扭力扳手的手柄上再加装套管或用锤子捶击。切勿在达到预置扭矩后继续旋力，如继续旋力，会使扭矩大大超出预设值，除对扳手造成严重损害外，还会损坏螺栓或螺母。

2. 钳子

钳子用于弯曲小的金属材料，夹持扁形或圆形零件，切断软的金属丝等。

在汽车维修中，常用的钳子类型有钢丝钳、鲤鱼钳、尖嘴钳、斜嘴钳、水泵钳、卡簧钳、大力钳、管钳等。

在选用钳子时，应根据在汽车维修中所要达到的不同目的来选用不同种类的钳子，并且还要考虑工作空间的大小等因素。

（1）钢丝钳

钢丝钳是最常见的一种钳子，它可以用来切断金属丝或夹持零件。

使用钢丝钳时，用手握住钳柄后端，使钳口开闭，钳口前端主要用于夹持各种零件，根部的刃口可用来切割细导线。

注意：当钢丝钳切断较硬的钢丝等物体时，禁止使用锤子击打钳子来增加切削力，这样会损坏钢丝钳。

（2）尖嘴钳

尖嘴钳的结构如图 1 - 36 所示，钳口长而细，特别适合在狭窄空间里使用。在狭窄的空间中，当钢丝钳无法满足工作条件时，可用尖嘴钳代替，如图 1 - 37 所示。

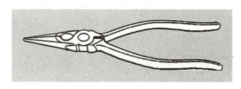

图1-36 尖嘴钳的结构

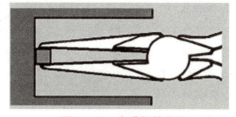

图1-37 尖嘴钳的作用

注意：严禁对尖嘴钳的钳头部施加过大的压力，这样会使尖嘴钳的钳口尖部扩张成U形。

（3）鲤鱼钳

鲤鱼钳也称鱼嘴钳，主要用于夹持、弯曲和扭转工件。鲤鱼钳的手柄一般较长，可通过改变支点上槽孔的位置来调节钳口张开的程度。在用鲤鱼钳夹持零件前，必须用防护布或其他防护罩遮盖易损坏件，如图1-38所示，防止锯齿状钳口对易损件造成伤害。

图1-38 鲤鱼钳的使用

（4）斜口钳

斜口钳也称剪钳，钳口有刃口，而且尖部为圆形，不具备夹持零件的作用，只能用于切割金属丝或导线。

注意：斜口钳可以剪切钢丝钳和尖嘴钳不能剪切的细导线或线束中的导线，但是严禁用来切割硬的或粗的金属丝，这样会损坏刃口。

3. 螺丝刀

螺丝刀俗称改锥或起子，主要用于旋拧小扭矩、头部开有凹槽的螺栓或螺钉。

螺丝刀的类型取决于本身的结构及尖部的形状，常用的有一字螺丝刀、十字螺丝刀。一字螺丝刀用于单个槽头的螺钉，十字螺丝刀用于带十字槽头的螺钉，如图1-39所示。

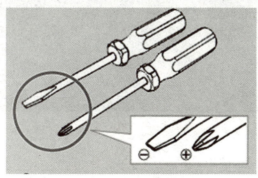

图1-39 螺丝刀的外形结构

尖部形状相同的螺丝刀，尺寸也不完全一样，如梅花螺丝刀。在汽车维修中经常用到头部尺寸是2号的螺丝刀，但也有更大一点的3号和更小一点的1号螺丝刀，甚至还有更

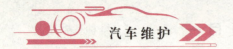

小的微型螺丝刀。

选用螺丝刀时，应先保证螺丝刀头部的尺寸与螺钉的槽部形状完全配合，选用不当会严重损坏螺丝刀。选用时应先大后小，即先选择 3 号螺丝刀，如 3 号不合适，再依次选择 2 号、1 号螺丝刀。

如果螺丝刀的头部太厚，不能落入螺钉槽内，则易损坏螺钉槽；如果螺丝刀的头部太薄，使用时头部容易扭曲。

使用螺丝刀时，应右手握住螺丝刀，手心抵住柄端，螺丝刀与螺钉的轴心必须保持同轴，压紧后用手腕扭转，如图 1-39 所示。拆卸时螺钉松动后用手心轻压螺丝刀，并用拇指、食指、中指快速旋转手柄。

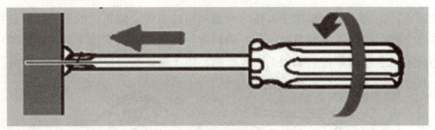

图 1-40　螺丝刀的正确使用方法

注意：在使用过程中，要尽量避免将螺丝刀当作撬棒用，否则会造成螺丝刀的弯曲甚至断裂。禁止将普通螺丝刀当作錾子使用（通心式螺丝刀除外），否则会造成头部缩进手柄内，或断裂和缺口。

4. 风动扳手

风动扳手使用压缩空气，用于拆卸和更换螺栓或螺母，如图 1-41 所示。它可以提高工作效率。

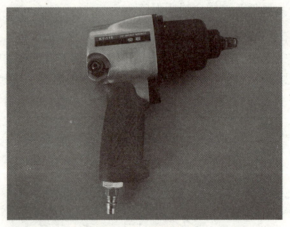

图 1-41　风动扳手

（1）风动扳手的使用

①用于要求较大扭矩的螺栓或螺母。

②扭矩可调到 4~6 级。

③旋转方向可以改变。

④可以与专用的套筒结合使用。专用的套筒扳手经过专门加工，其特点是能防止零件

从传动装置上飞出。切勿使用专用套筒扳手以外的其他套筒扳手。

（2）操作注意事项

①要在正确的气压下使用（正确值：686 kPa）。

②要定期检查风动扳手并对风动扳手进行维护。

③在操作过程中，一般先用手将螺母对准螺栓旋进一些。如果一开始就打开风动扳手，则螺纹会被损坏。注意不要拧得过紧，使用较小的力拧紧。

④在操作时必须两只手握住工具。因为按按钮时将释放大的扭矩，可能引起振动。

⑤使用扭力扳手检查紧固扭矩。

二、常用测量仪器的使用

在从事测量作业当中，应尽可能采用精密的测量仪器，但不论何种测量仪器，在测量过程中总会存在误差。误差包括测量仪器的误差（制造和磨损产生的误差）以及测量者本身的误差（因测量者习惯以及视觉因素产生的误差）。因此，测量时应该注意以下事项，方能保持测量仪器的精度。

①进行测量时，应使测量仪器温度和握持的方法保持在一定的测量状态。

②保持固定的测量动作。

③使用后应注意仪器的清理和维护，并存放在不受灰尘和气体污染的场所。

④要定期地检查仪器精度。

1. 游标卡尺

（1）概述

游标卡尺也称四用游标卡尺，简称卡尺，是由刻度尺和卡尺组成的精密测量仪器，如图 1 -42 所示。它能够正确且简单地从事长度、外径、内径及深度的测量。

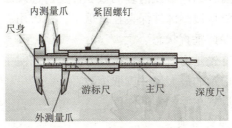

图 1 -42   游标卡尺的结构

游标卡尺根据最小刻度的不同分为 0.05 mm 和 0.02 mm 两种。在汽车维修工作中，0.02 mm 精度的游标卡尺使用最多。若游标尺上有 50 个刻度，每刻度表示 0.02 mm；若游标尺上有 20 个刻度，每刻度表示 0.05 mm。

有些游标卡尺使用电子读数显示小数部分，这种游标卡尺的测量精度可达到 0.005 mm 或 0.001 mm。

常用游标卡尺的测量范围是 0 ~ 150 mm，应根据所测零部件的精度要求选用合适规格的游标卡尺。

游标尺刻度是将 49 mm 平均分为 50 等份。主尺是以毫米来划分刻度的，将 1 cm 平均分为 10 个刻度，在厘米刻度线上标有数字 1、2、3 等，表示 1 cm、2 cm、3 cm 等。

（2）游标卡尺的读数

如图 1-43 所示，读数时，首先读出游标尺零线左边与主尺相邻的第一条刻线的整毫米数，即测得尺寸的整数值，主尺上的读数为 22 mm。再读出游标尺上与主尺刻度线对齐的那一条刻度线所表示的数值，即为测量值的小数，游标尺上的读数为 0.06 mm。

把从主尺上读得的整毫米数和从游标尺上读得的毫米小数加起来即为测得的实际尺寸，即：22 + 0.06 = 22.06（mm）。

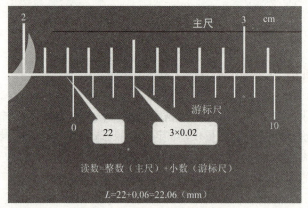

图 1-43　游标卡尺的读数

（3）游标卡尺的使用

①使用游标卡尺时先应依照下列事项逐一检查：

a. 检查量爪的密合状态：主尺、游标尺的量爪必须完全密合。内测量爪在密合状态下，能够看到少许光线，表示密合良好；反之，如果穿透光线很多，则表示量爪密合不佳。

b. 零点校正：当量爪密切结合后，主尺和游标尺的零点必须相互一致才是正确的。

c. 游标尺的移动状况：游标尺必须能够在主尺上轻轻地移动而不会发出声音才行。

②在从事测量作业之前，必须事先清理测量零件及游标尺。

③在测量外径时，需要将被测部件深夹在量爪中，然后用右手拇指轻压游标卡尺，同时使被测部件和游标卡尺保持垂直状态。

④内径尺寸的测量，首先是用拇指轻轻拉开游标尺，并使主尺量爪与被测部件保持正确的接触，上下晃动，由指示的最大尺寸读取读数。

⑤游标卡尺还可以测量汽车零部件的深度。

（4）游标卡尺维护的注意事项

游标卡尺是一种精密的测量仪器，要获得很好的精度应小心轻放和妥善保存。

①测量前，应将游标卡尺清理干净，并将两量爪合并，检查游标卡尺的精度情况。

②在使用之后，应清除灰尘和杂物。

③读数时，要正对游标尺刻度，看准对齐的刻度线，目光不能斜视，以减小读数误差。

④游标卡尺用完后，应清除污垢并涂上防锈油，将其放回盒子里并放在不受冲击及不易掉落的地方保存。

2. 外径千分尺

（1）概述

千分尺也称螺旋测微器，它是利用螺纹节距来测量长度的精密测量仪器，用于测量加工精度要求较高的零部件。在汽车维修工作中，一般使用可以测至 1/100 mm 的千分尺，其测量精度可达到 0.01 mm。

外径千分尺是用于外径宽度测量的千分尺，测量范围一般为 0 ~ 25 mm。根据所测零部件外径粗细，可选用测量范围为 0 ~ 25 mm、50 ~ 75 mm、75 ~ 100 mm 等多种规格的外径千分尺。

外径千分尺的结构如图 1 - 44 所示，主要由测砧、测微螺杆、尺架、固定套筒、可动套筒、粗调旋钮、微调旋钮及锁紧装置等部件组成。

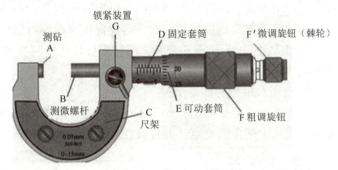

图 1 - 44　外径千分尺的结构

固定套筒上有刻度，测轴每转动一周即可沿轴方向前进或后退 0.5 mm。活动套管的外圆上有 50 等份的刻度，在读数时每等份为 0.01 mm。

微调旋钮的作用是保证测轴的测定压力，当测定压力达到一定值时，棘轮即会空转。如果测定压力不固定则无法测得正确尺寸。

（2）外径千分尺的读数

固定套筒刻度可以精确到 0.5 mm（数值可以读至 0.5 mm），由此以下的数值则要根据固定套筒基准线和活动套筒刻度的对齐线来读取。

如图 1 - 45 所示，固定套筒的读数为 18.50 mm，可动套筒 0.16 mm 的刻度线对齐固定套筒基准线，固定套筒与可动套筒之间的估值为 0.002 mm，因此读数是：

$$18.50 + 0.16 + 0.002 = 18.662 （mm）$$

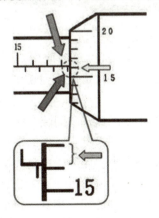

图 1 - 45　外径千分尺的读数

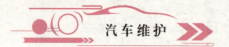
为便于读取套筒上的读数，基准线的上下两方均有刻度。

千分尺属于精密的测量仪器，在测量时应注意以下事项：

①使用前确保零点校正，若有误差请用调整扳手调整或用测定值减去误差。

②被测部位及千分尺必须保持清洁，若有油污或灰尘须立即擦拭干净。

③测量时请将被测面轻轻顶住测砧，转动微调旋钮及套筒使测轴前进。不可直接转动活动套筒。

④测定时尽可能握住千分尺的弓架部分，同时要注意不可碰及测砧。

⑤旋转后端微调旋钮，使两个砧端夹住被测部件，然后再旋转微调旋钮一圈左右，当听到发出两三声"咔咔"响后，就会产生适当的测定压力。

⑥为防止因视差而产生误读，最好让眼睛视线与基准线成直角后再读数。

⑦当测量活塞、曲轴轴径之类的圆周直径时，必须保证测微螺杆轴线与最大轴径保持一致（即测试处为轴径最大处）。若从横向来看，测微螺杆轴线应与被测部件中心线垂直，只有这样才能保证测试数据正确无误。

（3）外径千分尺的使用及维护的注意事项

①使用时应避免掉落地面或遭受撞击，如果不小心落地，应立刻检查并作适当处理。

②严禁放置在污垢或灰尘很多的地点，并且要在使用后将测砧和测微螺杆的测定面分离后再放置。

③为防止生锈，使用后须立即擦拭并涂上一层防锈油。保存时应先放置于储存盒内，再置于湿度低、无震动的地方保存。

3. 厚薄规

厚薄规也称塞尺或间隙片，如图 1-46 所示，是一组淬硬的钢片。这些淬硬钢片被研磨或滚压成精确的厚度，它们通常都是成套供应的。

图 1-46　厚薄规

每条钢片标出了厚度（单位为 mm），可以单独使用，也可以将两片或多片组合在一起使用，以便获得所要求的厚度。最薄的一片可以达到 0.02 mm 的厚度。常用厚薄规长度有 50 mm、100 mm、200 mm。

在汽车维修工作中，厚薄规主要用于测量气门间隙、触点间隙和一些接触面的平直度等。当厚薄规同一把直尺一起使用时，可用来检查零件的平直度，如气缸盖的平直度。

使用厚薄规测量时，应根据间隙的大小，先用较薄钢片试插，然后逐步加厚，可以一片或数片重叠在一起插入间隙内，插入深度应在 20 mm 左右。测量时，必须平整插入，松紧适度，所插入的钢片厚度即为间隙尺寸。例如，用 0.2 mm 的厚薄规钢片刚好能插入两工件的缝隙中，而 0.3 mm 的厚薄规钢片插不进，则说明两工件的结合间隙为 0.2 mm。

厚薄规使用的注意事项：

①严禁将钢片用大力强硬插入缝隙测量。插入时应特别注意前端，不要用力过猛，否则容易折损或弯曲厚薄规。

②使用前必须将钢片擦净，还应尽量减少重叠使用的钢片数，因为钢片数重叠过多会增加误差。

③测量时应在结合面的全长上多处检查，取其最大值，即取两结合面的最大间隙量。测量后及时将钢片合到夹板中去，以免损伤各钢片。

④厚薄规上不得有污垢、锈蚀及杂物。

⑤厚薄规使用完毕后要将钢片擦拭干净，并涂油，如图 1 – 47 所示。

⑥已发现有折损或标示刻度已经模糊不清的厚薄规应该立即予以更换。

涂一薄层油

图 1 – 47　厚薄规的存放方法

三、常用设备的使用

1. 数字式万用表

数字式万用表是目前常用的一种数字化仪表。它具有以下特点：数字显示，读取直观、准确，避免指针式万用表的读数误差；分辨率高；测量速度快；输入阻抗和集成度高；测试功能、保护电路齐全；功率损耗小；抗干扰能力强。下面以 VOLTCRAFT 型汽车万用表为例进行介绍，如图 1 – 48 所示。

 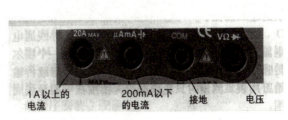

1A以上的电流　　200mA以下的电流　　接地　　电压

图 1 – 48　数字式万用表及其测量插孔标记

（1）使用方法

①操作时首先将开关置于 ON 位置。检查 9V 电池，如果电压不足，需更换电池。

②直流电压（DCV）测量。将量程转换开关置于 DCV 范围，并选择量程。测量时，将黑表笔插入 COM 插孔、红表笔插入 V/Q 插孔。

③交流电压（ACV）测量。将量程转换开关置于ACV范围，并选择量程。测量时，将黑表笔插入COM插孔、红表笔插入V/Q插孔。测量时不允许超过额定值，以免损坏内部电路。显示值为交流电压的有效值。

④直流电流（DCA）测量。将量程转换开关转到DCA位置，并选择量程。测量时，将黑表笔插入COM插孔；当测量最大值为200 mA时，将红表笔插入mA插孔；当测量最大值为20 A时，将红表笔插入A插孔。

⑤交流电流（ACA）测量。将量程转换开关转到ACA位置，选择量程。测量时，将测试笔串入被测电路，黑表笔插入COM插孔；当测量最大值为200 mA时，将红表笔插入mA插孔；当测量最大值为20 A时，将红表笔插入A插孔。显示值为交流电流的有效值。

⑥电阻测量。测量时，将量程转换开关置于Q量程，将黑表笔插入COM插孔、红表笔插入V/Q插孔。

⑦电容测量。测量时，将量程转换开关置于CAP处，将被测电容插入电容插座中。

⑧晶体管放大倍数Hfe的测量。将量程转换开关置于Hfe量程，确定NPN或PNP，将E、B、C分别插入相应插孔。

⑨音频频率测量。测量时，将量程转换开关置于kHz量程，将黑表笔插入COM插孔、红表笔插入V/Q/f插孔，将测试笔连接到频率源上，直接在显示器上读取频率值。

⑩温度测量。温度测量分为−20～0 ℃、0～400 ℃、400～1 000 ℃三挡。测量时，将热电偶传感器的冷端插入温度测量座中，热电偶的工作端置于被测物上面或内部，可直接从显示器上读取温度值。

⑪二极管的测量。选用万用表的二极管挡，将红表笔接二极管一极、黑表笔接另一极，万用表有一定数值显示，则二极管处于正偏，此时，红表笔（表内电池的正极）所接的是正极，黑表笔所接的是负极；颠倒两表笔，二极管处于反偏，万用表高位显示为"1"或很大的数值，此时说明二极管是好的。若测量时两次的数值均很小，则二极管内部短路；若两次测得的数值均很大或高位为"1"，则说明二极管内部开路。

⑫三极管的测量。数字选用万用表的三极管挡，用红表笔去接三极管的某一管脚（假设作为基极），用黑表笔分别接另外两个管脚。如果表的液晶屏上两次都显示有零点几伏的电压（锗管为0.3 V左右，硅管为0.7 V左右），那么此管应为NPN管且红表笔所接的那一个管脚是基极；如果两次显示的都为"OL"，那么红表笔所接的那一个管脚便是PNP型管的基极。

在判别出管子的型号和基极的基础上，可以再判别发射极和集电极。仍用三极管挡，对于NPN管，用红表笔接其基极，用黑表笔分别接另两个脚上，两次测得的极间电压中，电压微高的那一极为发射极，电压低一些的那一极为集电极；如果是PNP管，用黑表笔接其基极，同样所得电压高的那一极为发射极，电压低一些的那一极为集电极。

判别三极管的好坏，只要查一下三极管各PN结是否损坏即可，可以通过万用表测量其发射极、集电极的正向电压和反向电压来判定。如果测得的正向电压与反向电压相似且几乎为零，说明三极管已经短路；若正向电压为"OL"，说明三极管已经断路。

除了这些基本测量，一些多功能万用表还具备其他功能。

（2）使用注意事项

①测量电流时应将表笔串联在被测电路中，测量电压时应将表笔并联在被测电路中。

②不能测量高于 1 000 V 的直流电压和高于 700 V 的交流电压。

③测量高电压时要注意，避免触电。

④测量电流时，若显示器显示"1"，表示过量程，量程转换开关应及时置于更高量程。

⑤更换电池或保险管时，应确保测试表笔已从电路中断开，以避免电击。

⑥在电路中测量电阻时，应切断电源。

⑦不能利用测试表笔测量电容。测量容量较大的电容时，稳定读数需要一定的时间。

2. 冷却系统压力检测仪

冷却系统压力检测仪由一个手持泵和一个压力表组成，一根软管将手持泵和安装在散热器加液口处的一个专用接头连接在一起，如图 1 - 49 所示。检测仪用来对冷却系统加压，从而检查冷却液是否泄漏。外加的接头能够将此检测仪连接到散热器盖上，可以检测散热器盖的泄压作用。

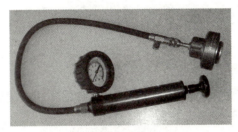

图 1 - 49　冷却系统压力检测仪

3. 电路测试灯

电路测试灯实际就是带导线的"电笔"，主要用来检查电控元件电路的通、断。电路测试灯带有显示电路通、断的指示灯，对电路进行检测时，根据指示灯的亮度还可判断被测电路的电压高低。电路测试灯分为不带电源测试灯（12 V 测试灯）和自带电源测试灯两种类型，如图 1 - 50 所示。

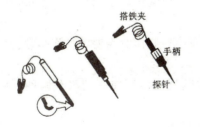
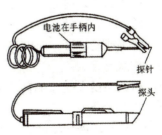

　（a）不带电源测试灯（12 V 测试灯）　　　　（b）自带电源测试灯

图 1 - 50　电路测试灯

（1）不带电源测试灯（12 V 测试灯）

这种测试灯以汽车电源作为电源，由 12 V 测试灯、导线和各种不同的端头组成，主要用来检查系统内电源电路是否给电器各部件供电。

①将 12 V 测试灯一端搭铁，另一端接电器部件电源接头，如果灯亮，说明该电器部件电路无故障。

②如果灯不亮，再将 12 V 测试灯接电源的一端去接电源方向的第二个接点。如果灯

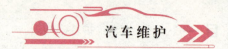

亮，说明故障在第一接点和第二接点之间，电路出现断路故障。

③如果灯仍不亮，则去接第三个接点、第四个接点……，愈来愈接近电源，直至灯亮为止，且断路发生在最后被测接点与前一个被测接点之间。

（2）自带电源测试灯

这种测试灯以其手柄内装有的两节干电池作为电源，其余同于 12 V 测试灯，也用于检查线路断路与短路故障。

①检查断路时断开电器的电源电路，将自带电源测试灯的一端连接在电路首端，将另一端一个一个地分别连接其他各接点。如果灯亮，说明测点与电路首端导通；如果灯不亮，则断路发生在被测点与前一个被测接点之间。

②检查短路时断开电器的电源电路，将自带电源测试灯一端搭铁，将另一端连接电器部件电路。如果灯亮，表示有短路故障，可一步一步地采取将电路接头脱开、开关打开或拆除部件等办法，直至使电源测试灯熄灭，则短路出现在最后开路与前一开路部件之间。

注意：如无特殊说明，不可用 12 V 测试灯和自带电源测试灯检测电控系统（Electronic Control Unit，ECU）。

4. 解码器

解码器不仅具有读码、清码功能，而且还具有解码功能，使用起来非常方便，是汽车电控系统检测中不可缺少的检测设备之一。

（1）解码器的功能

①可以方便地直接读取诊断代码，而不必再通过发动机故障报警灯的闪烁读取。

②可以方便地直接清除诊断代码，使发动机故障报警灯熄灭，而不必再通过拆卸熔断丝或蓄电池负极的比较麻烦的方法达到清除诊断代码的目的。

③能与电控系统中的微机直接进行交流，显示数据流。即显示电控系统的工作状况和多种数据输入、输出的瞬时值，使电控系统的工作状况一目了然，为诊断故障提供依据。特别是当不产生诊断代码而又怀疑车辆有故障时，可以通过观察数据流中的参数来判断回路中是否有故障。

④能在静态或动态下，向电控系统各执行器发出检修作业需要的动作指令，以便检查执行器的工作状况。

⑤行车时或路试中能监测并记录数据流和诊断代码，以便回到汽车修理厂后能够调出，进行分析和判断。

⑥有的还具有示波器功能、万用表功能和打印功能。

⑦有的还能显示系统控制电路图和维修指导，以供诊断时参考。

⑧可以和计算机相连，进行资料的更新与升级。

⑨功能强大的专用解码器，还能对车上电控系统进行某些数据的重新输入和更改。

（2）解码器的不足

①自身不能思考，因而也不会分析、判断故障。

②在某些条件下，可能会显示错误的信息，而且也不能从所有被检汽车上获取电控系统中微机的数据信息。

③在诊断电控系统未设诊断代码的故障时，或诊断的电控系统无法提供数据或数据无

法取出时,解码器无能为力,特别是对于机械系统、真空系统、排气系统、电器系统和液压系统等,还应采取传统的检测诊断方法。

(2) 解码器类型

一般地讲,带有数据流功能的解码器,可分为原厂专用型和通用型两大类型。原厂专用型解码器,一般是汽车生产厂为检测诊断本厂生产的汽车而专门设计制造的解码器。世界上一些大的汽车生产厂,如通用公司、福特公司、克莱斯勒公司、奔驰公司、宝马公司、奥迪公司、日产公司等,都有专用型解码器(如表1–2所示),只适用检测诊断本厂生产的汽车,一般配备在汽车特约维修站,以提供良好的售后服务。

表 1–2 汽车生产厂及其专用解码器

汽车生产厂	解码器名称	汽车生产厂	解码器名称
宝马	ISID	大众	VAG5052
丰田	GTS	日产	CONSULT – 3
通用	TEC – Ⅱ	奥迪	VAG5052
奔驰	STAR2000	福特	IDS
中华	元征 X – 431	雪铁龙	PP – 2000

通用型解码器,一般是检测设备制造厂为适应检测诊断多车型而设计制造的。它往往存储有几十种甚至几百种不同厂牌、不同车型汽车电控系统的检测程序、标准数据和诊断代码等资料,并配备有各种车型的检测接头,可以检测诊断多种车型,因而适用综合性维修企业使用。目前国内维修企业使用最多的通用型解码器,有美国生产的 MT2500(如图1–51所示)和 OTC4000 型等,有国产的元征 X –431、仪表王、修车王、车博士等。

图 1–51 美国 MT2500 汽车解码器

不管是专用型还是通用型解码器,大多能对全车各部电控系统进行检测诊断和数据流分析。解码器与电控系统相互交流信息的速度,决定于电控系统中内置微机的性能,即决定于数据传输的波特率。波特率是每秒钟通过的数字式数据的字节或高、低电压信号的度量单位。波特率愈高,则信息传输速度愈快。它不仅表明了解码器与电控系统相互交流信息的速度,而且决定了解码器对电控系统反应的快慢和显示屏数据读数变化的速率。

(3) 解码器基本结构

以国产元征 X –431 解码器为例介绍解码器的基本结构。元征 X –431 解码器是汽车电

控系统检测仪，不仅具有解码器功能，即具有读码、解码和清码功能，而且具有读取在线数据流功能、传感器的模拟和测试功能、OBD－Ⅱ接口功能、中文显示功能、提示维修方法功能和打印功能等，能对亚洲、欧洲和美洲 2 000 余种车型的电控系统（包括发动机电控系统、自动变速器电控系统、电控防抱死制动系统、安全气囊系统和定速巡航系统）进行检测诊断，其功能已超出解码器功能。

元征 X－431 解码器由主机、测试卡、测试主线、测试辅线和测试接头组成，并附带一个传感器模拟/测试仪，如图 1－52 所示。

图 1－52　元征 X－431 解码器主机和各种车型插接器

（4）解码器使用方法

仍以元征 X－431 解码器为例，介绍解码器的使用方法。

①使用步骤：

a. 选择合适的测试卡和合适的连接电缆插接器（专用故障诊断仪不需要此项）。

b. 连接故障诊断仪。电源电缆连接到车内点烟器或蓄电池上，测试电缆与汽车的故障诊断插座相连。

c. 开机后，选择测试地址和功能。选择测试地址是指选择想要测试的电控系统，如发动机电控系统、自动变速器电控系统、电控防抱死制动系统、安全气囊系统等；功能选择是指根据测试目的选择具体的测试项目，如读取系统数据流、调取系统数据流、调取故障码、清除故障码。

②使用仪器的注意事项：

a. 测试前应正确选择测试接头。这是因为各车型的诊断插座提供电源的形式不一，有的可能要接外接电源，有的可能不接外接电源，因此，要避免因选择接头不当而烧坏仪器。

b. 测试前应先将测试卡插入仪器主机的测试卡接口，然后再接通电源。

c. 仪器的额定电压为 12 V，汽车蓄电池电压应在 11～14 V。

d. 关闭汽车所有附属电气设备（如空调、前照灯、音响等）。

e. 发动机节气门应处于关闭状态，即怠速结合点闭合。

f. 点火正时和怠速应在规定范围，发动机水温和变速器油温应达到正常工作温度（水温 90～110 ℃，油温 50～80 ℃）。

g. 接通电源仪器屏幕闪烁后，若程序未运行或出现乱屏现象，可将仪器主机上的

9PIN插头拔下再重插一次，即可继续操作。

h. 测试接头和诊断插座应良好接触，以保证信号传输不会中断。

i. 测试结束后，应先切断电源，再从主机上取出测试卡。

5. 车轮动平衡机

离车式车轮动平衡机如图1-53所示。目前应用最多的是硬式二面测定车轮动平衡机，该动平衡机一般由驱动装置、转轴与支承装置、显示与控制装置、制动装置、机箱和车轮防护罩等组成。

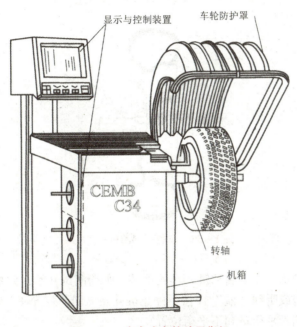

图1-53　离车式车轮动平衡机

驱动装置、转轴与支承装置等均装在机箱内。车轮防护罩可防止车轮旋转时其上的平衡块或花纹内夹杂物飞出伤人。制动装置可使车轮停转。近年来生产的车轮动平衡机多为微机控制式，它具有自动判断和自动调校系统，能将传感器送来的电信号通过微机运算、分析、判断后显示出不平衡量及相位。

离车式车轮动平衡机使用方法如下：

①清除被测车轮上的泥土、石子和旧平衡块。

②检查轮胎气压，视必要充至汽车生产厂的规定值。

③根据轮辋中心孔的大小选择锥体，仔细地装上车轮，用大螺距螺母上紧。

④打开电源开关，检查显示与控制装置的面板是否指示正确。

⑤用卡尺测量轮辋宽度 b、轮辋直径 d（也可由胎侧读出），用平衡机上的标尺测量轮辋边缘至机箱距离 a，再用键入或选择器旋钮对准测量值的方法，将 a、b、d 值输入显示与控制装置中去。离车式车轮动平衡机的专用卡尺如图1-54所示，a、b、d 三尺寸如图1-55所示。为了适应不同计量制式，平衡机上的所有标尺一般同时标有英制和米制刻度。

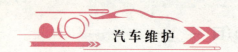
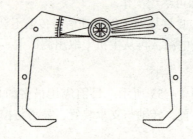

图 1-54 离车式车轮动平衡机的专用卡尺

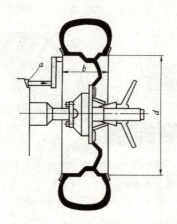

图 1-55 车轮在平衡机上的安装
a—轮辋边缘至机箱距离；b—轮辋宽度；d—轮辋直径

⑥放下车轮防护罩，按下启动键，车轮旋转，平衡测试开始，微机自动采集数据。

⑦车轮自动停转或听到"滴"声按下停止键并操纵制动装置使车轮停转后，从显示装置读取车轮内外两侧不平衡量和不平衡位置。

⑧抬起车轮防护罩，用手慢慢转动车轮，当显示装置发出指示（音响、指示灯亮、制动、显示点阵或显示检测数据等）时停止转动。在轮辋的内侧或外侧的上部（时钟 12 点位置）加装显示装置显示该侧平衡块质量。内、外侧要分别进行，平衡块装卡要牢固。

⑨安装平衡块后有可能产生新的不平衡，应重新进行平衡试验，直至不平衡量小于 5g，显示装置显示"OO"或"OK"时才能满意。当不平衡量相差 10g 左右时，如果能沿轮辋边缘左右移动平衡块一定角度，就获得了满意的效果。平衡过程中，实践经验越丰富，平衡速度越快。

⑩测试结束，关闭电源开关。

6. 双柱举升机

（1）整车举升前的准备工作

①排除举升平台周围和提升臂下面的障碍物。

②清洁举升机和工位地面卫生。

③检查举升机立柱的地脚螺栓是否有松动或丢失的现象。

④如图 1-56 所示，用手握住操纵手柄，竖直向上拉起，待调整齿和锁止齿分离且锁止齿的下端面高于挡块时，转动手柄 90°，使锁止齿卡在挡块上。

举升机操作安全

图1-56 将锁止齿卡在挡块上

⑤检查4个抽拉臂的托垫橡胶是否老化、断裂，连接托垫与座的固定螺栓是否松动，座轴与承孔是否有较大的旷量。

⑥检查油缸和高压油管接头处是否有油迹等漏油现象。

（2）举升机操作步骤

①将汽车驶到举升机上，要注意车头方向，保持车头和举升机的短提升臂方向一致；并且车辆停驻在主、副立柱和提升钢索、高压油管保护罩的中间位置，即将车辆停驻于举升平台的中央位置。

②拉紧驻车制动器或将变速器置于空挡，自动变速器车辆把挡位置于P挡。

③找到车辆底板上的支撑点，如图1-57所示。调整提升臂的角度和抽拉臂的长度，将托垫对正支撑点，必要时使用重量延伸器。

注意：车辆的支撑点，通常位于底板两侧、前后车轮之间，每侧两个。常见的支撑点有两种形式：圆盘突起式和卷边加强式。

图1-57 车辆底板上的支撑点

④在举升机与车辆定位检查稳妥后，如图1-58所示，按压电动机开关，将车辆顶离地面。在车辆离地面约5 cm左右时，摇晃车辆，如图1-59所示，察看是否有窜动迹象。如车辆在举升机上定位不牢固或有不正常声音，应把车辆降落，重新调整。

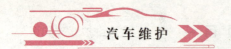

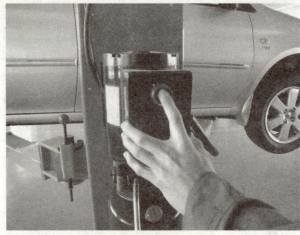

图 1 - 58   按压电动机开关

图 1 - 59   检查车辆是否有窜动

⑤操纵举升机举升汽车至所需高度。在车辆举升到预期高度后，如图 1 - 60 所示，压下手动卸荷阀，车辆下降少许后处于锁止状态。只有确认举升机处于锁止状态后，才可进到车辆下工作。

图 1 - 60   压下手动卸荷阀

⑥完成工作后，按下电动机开关，使车辆上升少许，然后松开电动机开关。

⑦如图1-61所示，用力拉下机械保险的拉线，解除滑车的锁止。

图1-61 用力拉下机械保险的拉线

⑧压下手动卸荷阀手柄，将车辆慢慢降下。

⑨待车辆平稳降到地面且托垫与支撑点分离后，推回抽拉臂，将短提升臂回转至立柱内侧并锁止，将长提升臂回转至立柱外侧并锁止，然后把车辆驶出举升作业区。

⑩操作完毕，关闭电动机电源，清洁举升机和工位地面卫生。

7. 四柱举升机

（1）使用方法

①按照说明书对有关部位进行日常检查。

②检查液压油油箱的油位是否正常。

③举升机空载作业：

a. 接通电源，按压电动机上升按钮，工作平台应能正常上升；松开按钮，工作平台应能可靠停止。

b. 上升到一定高度后停止，将工作平台挂钩挂上，此时四个挂钩必须能可靠地挂在立柱内的挂板上。

c. 转动换向阀供气时，四个挂钩应能完全脱离挂板。

d. 按下降按钮，工作平台应以正常速度下降；松开下降按钮，工作平台应能可靠停驻。

注意：在上述过程中，举升机应无异常噪声及其他不正常现象。

④举升机负载作业：

a. 将车辆驶到工作平台上，拉紧驻车制动器，驾驶员离开工作平台。

b. 将防滑支座可靠地垫在车辆轮胎的前后方。

c. 在不供气状态下，按上升按钮，将工作平台升至所需的高度。

d. 点动下降按钮，使四个挂钩均可靠地支承在挂板上，此时方可进入工作区进行维修或调整作业。

e. 修理或调整工作完毕后，点动上升按钮，将换向阀转至供气位置，使四个挂钩脱离挂板，按下降按钮，工作平台下降。

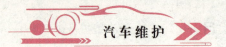

f. 工作平台降至下极限位置，挪开防滑支座，将车辆驶离工作平台。

g. 清洁工位。

（2）使用注意事项

①平时应设专人操作、保养、维修举升机设备，禁止未阅读过说明书及无操作资格的人员擅自操作举升机。

②车辆停放的位置应使其重心接近工作平台的重心。

③工作平台升降过程中，任何人员不得滞留于工作平台上或工作平台下面。

④禁止举升机在有故障的情况下运行。

⑤只有在确定四个安全挂钩挂上后，操作人员才可进入工作区。

8. 剪式举升机

（1）使用方法及注意事项

①操作前，应先排除举升机周围和下方的障碍物。

②升降时，举升机规定区域以及平台上的车辆内不能有人。

③不能举升超过举升机举升能力范围的车辆。

④举升时，应在车辆底盘下方垫上胶垫。

⑤升降过程中随时观察举升机平台是否同步，发现异常及时停止，检查并排除故障后方能投入使用。

⑥下降操作时，先将举升平台上升一点，注意观察两保险爪与保险齿间是否完全脱开，否则停止下降。

⑦举升机长期不用或过夜时，平台应降到最低位置，并开走车辆，切断电源。

（2）维护与保养

①举升机应由经培训的操作人员作业。

②举升机所有支铰轴处，每周用机油壶加机油一次。

③保险齿条及上下滑块等移动部位，每月加一次润滑脂。

④每年更换一次液压油，油位应长期保持上限。

任务四 汽车维修业务流程及新车检验

知识目标

1. 掌握维修企业人员分工；
2. 掌握维修基本流程；
3. 掌握新车检验操作项目，并能熟练操作。

任务导入

一位新车车主，使用了汽车一段时间，突然接到购车企业的服务电话。车主很疑惑，自己的汽车在使用中没有任何问题，服务企业给自己打电话的目的是什么？到店之后都有哪些服务流程？你对维修企业的业务流程熟悉吗？

知识学习

汽车维修企业服务流程实际上就是汽车维修企业的维修业务管理流程。一个汽车维修企业是否有一套科学的服务流程，以及这种流程执行得是否全面和细致，直接体现了企业的经营管理水平。各品牌维修企业都有自己的维修业务流程，但基本分工都是相同的，只是在个别环节有小的区分。本任务对大部分维修企业实际维修业务流程进行介绍。

一、汽车维修部门团队合作

汽车维修部门包括四部分工作人员：业务接待、调度/维修经理、维修班组长/维修技师、维修工。

①业务接待在前台，负责预约、接待，做好初步维修准备工作后将后续工作转交调度/维修经理。

②调度/维修经理根据维修工作的技术水平等给维修班组长/维修技师下派任务，并监督每项工作的进程。

③维修班组长/维修技师组织维修工进行修理并检查每项工作的质量。

④维修工进行维修工作，并在维修班组长/维修技师的指导下进行必要的维修工作。

这四部分人员必须彼此理解各自的工作角色和职责，并相互协作、及时沟通，作为一个团队为客户提供最优质的服务，使客户满意。

二、汽车维修业务流程

车辆维修服务接待流程

汽车维修业务流程一般是从汽车进厂接待开始，经过预检（或初诊）、开具任务委托书、派工、维修作业、竣工检验、试车、结算，最后交付出厂，这也是大多数汽车维修企业的传统的业务流程。

虽然各个汽车维修企业在流程处理上有一定的差别，各自有自己的特点，但是在内容

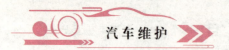

上基本是一致的，归纳起来可以分为维修预约、维修接待、维修作业（含准备工作、派工、维修作业与过程检验）、质量检验、交车结算、跟踪回访，如图 1-62 所示。

图 1-62　汽车维修业务流程

1. 维修预约

维修预约工作由业务接待完成，主要包括：询问客户及车辆基础信息（核对老客户数据、登记新客户数据）；询问行驶里程；确认客户的需求、车辆故障问题；确定接车时间；接收客户相关的资料（随车文件、防盗器密码、防盗螺栓、钥匙、维修记录等）；通知有关人员（车间、备件、接待、资料、工具）做准备；根据维修项目的难易程度合理安排人员。

2. 维修接待

维修接待工作主要包括：

①业务接待的工作：出迎问候客户、引导客户停车；记录客户陈述；明确客户需求，如定期保养（PM）、一般修理（CR）、钣金/喷漆（B/P）及其他；陪同客户前往停车场，当着客户面安装 CS 件（座椅套、转向盘套、地板垫）；检查车辆外观（损伤痕迹、凹陷等），一定要在客户陪同下进行，并加以确认。

②调度/维修经理的工作：问诊，询问故障现象，故障现象再次确认，推测故障原因；对维修费用进行估算；制作维修（维护）项目单；明确预计完成时间。

3. 维修作业

依照对客户承诺的时间安排并分配维修工作。正确的分配工作包括记录与跟踪每一个维修工单。分配维修工单时，要考虑时间、人员和设备三个主要标准。

维修工作包括：维修班组长/维修技师接收、检查修理单，接收用于维修的零件；挑选合适的修理工，向其发出工作指令，并将维修工单交给修理工；在预计的时间内完成工作，并向调度/维修经理确认工作完成。如果有技术难题应及时向调度/维修经理寻求技术支持。

4. 质量检验

质量检验工作包括：维修班组长/维修技师进行最后的验车，保证维修项目全部完成，且没有任何质量问题；向调度/维修经理确认工作完成；调度/维修经理向业务接待确认工作完成。

5. 交车结算

交车结算工作包括：维修班组长/维修技师检查车辆是否清洁，检查是否取下座椅套、地板垫、转向盘套、翼子板布、前罩等；业务接待向客户说明车辆维修作业完成情况，并介绍车辆使用中的相关注意事项；带领客户完成车辆维修的结算，并为所有费用开出发票，提供详细的发票说明；最后将车辆交付客户。交车结算标准工作流程如图1-63所示。

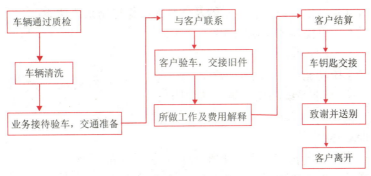

图1-63 交车结算标准工作流程

6. 跟踪回访

三日内与客户联系，确认车辆维修后车况是否良好。其目的不但体现对客户的关心，更重要的是了解维修质量、客户接待、收费情况和维修的时效性等方面的反馈意见，以利于维修企业发现不足，改进工作。

三、新车检验

汽车4S店所做的售前检查就是将车辆交给客户前所做的检验，简称PDI。其目的是保证车辆处于最佳状态，客户在提车后即可驾驶。

售前检查由以下3道工序组成：

①检验车辆的状态；

②将车辆恢复到工作状态；

③车辆性能的检查。

1. 大众车系售前检查项目

①使用解码器改变车辆模式（将车辆的运输模式关闭）；

②检查蓄电池静态电压（空载电压）；

③检查蓄电池电缆紧固情况；

④检查蓄电池负载电压；

⑤目视检查发动机及发动机室是否存在渗漏及损坏；

⑥检查冷却液液位；

⑦检查风窗/前照灯清洗液液位，清洗液罐内应装满清洗液；

⑧检查发动机润滑油液位；

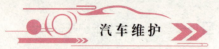

⑨检查制动液液位；

⑩检查转向助力系统液压油油位；

⑪拆除前/后悬架运输锁块；

⑫目视检查车辆下部是否存在渗漏及损坏；

⑬检查轮胎（包括备胎）充气压力；

⑭检查车轮螺栓紧固力矩；

⑮安装熔断丝；

⑯检查所有开关、电气设备、显示器及驾驶人操作控制系统功能；

⑰检查电动车窗升降器的单触功能；

⑱调整数字式时钟；

⑲检查空调系统功能；

⑳激活收音机/导航系统功能（输入防盗码）；

㉑设置组合仪表语言显示；

㉒保养周期复位；

㉓前排乘员侧安全气囊开关处于开启（ON）位置（配有该开关时）；

㉔检查所有控制单元故障记忆；

㉕检查风窗清洗喷嘴喷射角度及位置（必要时调整）。

㉖拆除座椅保护套及地毯塑料保护膜；

㉗检查车辆内部是否清洁，包括前后座椅、内部装饰件、地毯/脚垫和车窗等；

㉘安装车轮罩盖/装饰帽、车顶天线、电话天线等（这些零件一般存放在行李箱内）；

㉙安装脚垫；

㉚拆除车门保护块；

㉛检查车辆外部是否清洁，包括油漆、装饰件、车轴及风窗玻璃刮水器等；

㉜检查钥匙标牌上的钥匙号/认证号胶贴是否完整、清晰；

㉝在保养胶贴上填写下次保养日期及更换制动液日期，将该胶贴粘贴在仪表板左侧或车门 B 柱上；

㉞在保养手册中填写交车检查的有关内容；

㉟检查随车文件是否完整、齐全；

㊱试车。

2. 丰田汽车售前检查项目

（1）验证车辆状态

在运输中会出现各种问题，可能会有损伤。因此，在车辆到达 4S 店时必须验证车辆是否有问题。

（2）恢复正常工作的状态

为了防止运输中发生问题，在车辆离厂前生产厂家对其采取了各种措施。所以，在售前检查时必须将车辆恢复到工作状态。

①安装熔断丝及短路销；

②安装工厂提供的零部件；

③从制动器盘上拆下防锈盖；

④安装橡皮车身塞；

⑤取下前弹簧隔圈；

⑥取下紧急拖车环；

⑦调整轮胎空气压力；

⑧除去不需要的标签、标志、贴纸等；

⑨取掉车身防护膜。

（3）检查车辆的功能

在车辆交付客户前，确保各部件和机械运转正常，步骤如下：

①准备作业；

②环车检查；

③发动机舱检查；

④底盘检查；

⑤道路测试；

⑥最终检查及清洁。

项目二
汽车发动机系统维护

任务一　润滑系统维护

知识目标

1. 掌握发动机润滑系统组成；
2. 了解润滑系统各个元件的功用和工作原理；
3. 掌握润滑系统维护周期；
4. 掌握润滑系统维护项目。

能力目标

1. 能够完成润滑系统检查操作；
2. 能够完成润滑系统维护操作。

任务导入

马先生的汽车行驶了6 000 km，每次起动汽车时发现仪表有提示信息，他怀疑汽车出现了故障，于是到维修企业检查。维修技师检查发现，这是汽车维护提醒，并没有其他问题，需要对汽车进行维护，维护项目主要是润滑系统的维护和其他系统的检查。你知道润滑系统维护项目都有哪些吗？应该如何操作？

知识学习

发动机功用与组成　　润滑系统

一、润滑系统介绍

1. 润滑系统的作用

①润滑作用：润滑运动零件表面，减少摩擦阻力和磨损，减少发动机的功率消耗。

②清洗作用：机油（发动机润滑油）在润滑系统内不断循环，清洗摩擦表面，带走磨屑和其他异物。

③冷却作用：机油在润滑系统内不断循环还可以带走摩擦产生的热量，起冷却作用。

④密封作用：在运动零件之间形成油膜，提高它们的密封性，有利于防止漏气或漏油。

⑤防锈蚀作用：在零件表面形成油膜，对零件表面起保护作用，防止腐蚀生锈。

⑥液压作用：润滑油还可用作液压油，如液压挺柱，起液压作用。

⑦减震缓冲作用：在运动零件表面形成油膜，吸收冲击并减少震动，起减震缓冲作用。

2. 润滑系统组成

汽油发动机润滑系统主要由机油供给装置、滤清装置、仪表及信号装置组成，如图2-1所示。

①机油供给装置有机油泵、油道、油管、限压阀等，可使机油以一定的压力和流量在

循环系统中流动。

②滤清装置有集滤器、机油滤清器，可清除机油中的各种杂质。

③仪表及信号装置有堵塞指示器、压力感应塞、油压警报器、指示灯及压力表等，可使驾驶员随时知道润滑系统的工作情况。

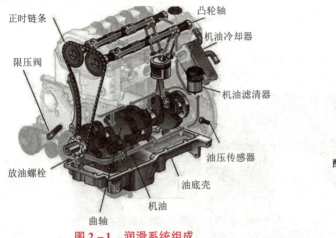

图 2-1　润滑系统组成

正时链条　凸轮轴　机油冷却器　限压阀　机油滤清器　油压传感器　放油螺栓　油底壳　曲轴　机油

机油滤清器

配气机构的工作原理

曲柄连杆机构工作原理

3. 原理

主油泵从油底壳吸入机油，再把机油泵入机油冷却器，冷却后的机油通过机油滤清器过滤后进入机体下部主油管，在压力作用下输送至各个润滑点。

4. 润滑方式

①压力润滑：利用机油泵将一定压力的机油送到零件的摩擦表面，形成具有一定厚度并能承受一定机械负荷的油膜，实现可靠的润滑。主要满足发动机上相对速度高、机械负荷大的零件润滑。

②飞溅润滑：利用发动机工作时，曲轴和凸轮轴等运动零件旋转时飞溅起来的或从连杆大头上设的油孔喷出的油滴，对摩擦表面实行润滑的方式。润滑的对象是缸壁、凸轮、活塞销等。

③定期润滑：采用润滑脂定期加注的方式进行润滑。润滑的对象主要是发电机、起动机、水泵轴承等。

二、机油更换周期

由于不同的发动机需要使用不同型号的机油，因此，机油的更换周期一般以发动机保养手册的规定为准。

机油变黑是使用过程中的正常现象，新换的机油只要 5 min 就会从金黄色转为暗黄色。汽车行驶 500 km 后，机油就会完全变成黑色。机油颜色变黑说明它的清洁效果很好，而不是老化需要更换。

国内大部分汽车生产厂家建议汽车行驶 5 000 km 就换一次机油；但是随着汽车运行材料技术的提升，可以根据实际使用情况适当延长维护周期。使用全合成机油建议更换里程为 7 500 ~ 10 000 km 或者更高里程。

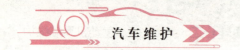

三、项目操作

1. 项目操作一：机油液面高度的检查

步骤一：将车辆处于水平位置，起动发动机并怠速运转，使冷却液温度达到80℃左右，关闭发动机后等待5 min左右，以便机油流回到油底壳。

步骤二：拔出机油尺用干净的纸巾或抹布擦拭后，重新将机油尺完全插入，再次拔出机油尺，观察机油液面高度，如图2-2所示。

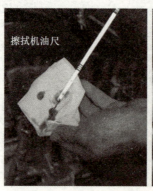

图2-2 检查机油液面高度

每种车型都有自己不同的机油位置的刻度标准。如果机油液面高度处于机油尺的上限与下限之间时，说明不缺少机油；如果机油液面高度在下限左右，应添加机油；超过上限时，应放掉（或抽出）超出机油尺上限部分的机油。

2. 项目操作二：机油泄漏检查

步骤一：举升车辆至高位（操作过程佩戴帽子和手套，防止烫伤）。

步骤二：检查机油排放塞及垫片处有无泄漏（如果有泄漏，那么排放塞周围会有油污）。

步骤三：检查机油滤清器座接触面有无泄漏。

步骤四：检查油底壳与发动机接触面有无泄漏。

步骤五：检查曲轴前、后油封处有无泄漏。如图2-3所示。

图2-3 机油泄漏检查位置

步骤六：检查发动机前端盖密封处有无机油泄漏。

3. 项目操作三：机油及机油滤清器的更换

步骤一：起动发动机，并保持怠速运转 3 ~ 5 min。当冷却液温度表指示达到 60 ~ 70℃时，关闭点火开关，停止发动机运转。

步骤二：用无纺布将机油加注口盖周围擦净，旋下加注口盖，用干净抹布盖住加注口，防止灰尘或其他物品进入。

步骤三：举升车辆至合适操作高度，确认安全后方可进入车下作业。

步骤四：将机油回收装置放在油底壳放油螺栓的正下方（偏向出油方向），拧松放油螺栓，然后用手缓慢旋出放油螺栓（注意：螺栓快要拧下时，快速拿走螺栓，以免烫伤），让旧机油流入回收装置。

步骤五：如图 2 – 4 所示，用机油滤清器专用扳手（现阶段机油滤清器扳手类型很多，有通用型机油滤清器扳手，如链条式、防滑皮带式、多爪式等）拆下机油滤清器（注意：拆卸上置式机油滤清器前在机油滤清器座周围放置抹布，防止机油外流）。机油滤清器拆卸后，将残存在机油滤清器内的机油倒入回收装置中。

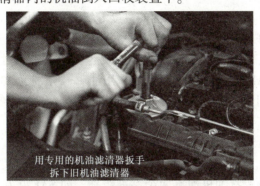

用专用的机油滤清器扳手
拆下旧机油滤清器

图 2 – 4 拆下机油滤清器

更换机油及机油滤清器

步骤六：检查并清洁机油滤清器座表面。

步骤七：在新的机油滤清器 O 形圈上涂抹一薄层干净的机油，防止安装时 O 形圈与接合面发生干摩擦，O 形圈翘曲和损坏，造成密封不良而漏油。先用手拧入机油滤清器，然后用专用扳手将机油滤清器拧至规定力矩。

步骤八：检查放油螺栓的垫片是否损坏，如有断裂，应进行更换（建议每次更换新的垫片）。用无纺布擦净放油螺栓上吸附的金属屑。先用手拧入放油螺栓，然后用扭力扳手将放油螺栓拧至规定力矩。

步骤九：操纵举升机，将车辆平稳降至地面。

步骤十：加注机油（为了防止机油外流，可利用漏斗进行辅助）。部分车辆机油口位置可能造成机油流入发动机内部较慢，所以，加注机油的过程中也要观察机油下流速度，防止外溢。当加注量接近油桶容量（4L）的约 3/4 时（大部分机油桶外部均有刻度线），停止加注机油。3 ~ 5 min 后，检查机油液面高度。少量补充机油，直至机油液位高度符合标准。

所有发动机在运行的过程中都会有机油消耗，为了避免机油消耗对发动机机械元件的损坏，多数车辆的机油液位应接近于机油尺上限。

步骤十一：运行发动机 3 ~ 5 min 后，举升车辆，检查机油是否泄漏。如有泄漏部位（放油螺栓和机油滤清器处），应及时维修。

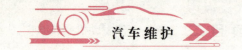

机油的作用

四、知识拓展——发动机润滑油

目前市场上供应的机油品牌既有国产的，也有进口的，品种较多。一般情况下，汽油机和柴油机采用不同的润滑油，汽油机使用汽油机油，柴油机采用柴油机油。现在市场上供应的通用机油，既可以用于汽油机，也可以用于柴油机。

我国机油的牌号主要是按照机油的黏度等级和质量等级两种分类方法来综合划分的，分别参照了美国石油协会（API）和美国汽车工程师协会（SAE）相应的分类标准。

1. 机油的分类标准

（1）机油牌号的黏度等级（SAE）分类

1991年，美国汽车工程师协会制定了黏度分类法，即机油的牌号根据某一特定温度下的黏度来编制。

①四冲程汽油机油。四冲程汽油机油的黏度等级分类适用于美国汽车工程师学会的分类，即 SAE 分类。SAE 机油黏度分类的冬季用油牌号分别为 0W、5W、10W、15W、20W、25W，符号 W 代表冬季，W 前的数字越小，其低温黏度越小，低温流动性越好，适用的最低气温越低；SAE 机油黏度分类的夏季用油牌号分别为 20、30、40、50，数字越大，其黏度越大，适用的最高气温越高；SAE 机油黏度分类的冬夏通用油牌号分别为 5W-20、5W-30、5W-40、5W-50、10W-20、10W-30、10W-40、10W-50、15W-20、15W-30、15W-40、15W-50、20W-20、20W-30、20W-40 和 20W-50。

②二冲程汽油机油。二冲程汽油机油的黏度等级分类适用于美国汽车工程师学会的分类，即 SEA 分类。二冲程汽油机油有两个黏度级别，即 SAE20 和 SAE30。一般情况下选用 SAE30；如果是分离润滑、寒区使用或超轻负荷二冲程发动机，则使用 SAE20。

（2）机油牌号的质量等级（API）分类

机油牌号除了按黏度等级分类，还按质量等级分类。1947年，美国石油协会制定了质量分级法，即机油的牌号根据在发动机试验评定中所表现出的抗磨性、清净分散性、黏温性以及抗氧化安定性等使用性能指标来编制。其中，字母"S"开头的系列代表汽油机油，字母"C"开头的系列代表柴油机油，双字母"S/C"开头的系列代表汽、柴油机通用油。

①汽油机油质量等级划分。汽油机油质量等级规格有 SC、SD、SE、SF、SG、SH、SJ、SL、SM 和 SN。

②柴油机油质量等级划分。柴油机油质量等级规格有 CC、CD、CE、CF、CF-2、CF-4、CG-4、CH-4 和 CI-4。

③汽、柴油机通用油质量等级划分。在 S 或 C 后面的字母表示的含义：从"SC"一直到"SM"，每递增一个字母，机油的性能都会优于前一种，机油中会有更多用来保护发动机的添加剂。字母越靠后，质量等级越高，国际品牌中机油级别多是 SF 级别以上的。

（3）欧洲的机油分类

欧洲汽车工业十分注意节能，把汽车燃料经济性放在首位，兼顾动力性和排放性能。欧洲机油分类标准，即 ACEA 分类，2007 版为 3 个系列。

①A/B 系列为汽油机油和轻负荷柴油机油，包括 A1/B1、A3/B3、A3/B4 和 A5/B5

系列。

②C 系列为适应催化剂型机油，包括 C1、C2、C3 和 C4 系列。

③E 系列为重负荷柴油机油，包括 E2、E4、E6 和 E7 系列。

2. 机油的选用

机油号称发动机的血液，选用和更换的正确与否直接影响到发动机的使用寿命。发动机种类不同、新旧程度不同、使用条件不同，所选用的机油牌号也不同。机油牌号选用的正确与否也决定了汽车润滑和补给作业的成败。因此，作为汽车专业维护人员，必须综合考虑机油的黏度等级和质量等级（也称使用性能等级）这两大选用依据，掌握好换油时机和换油品牌。

（1）机油黏度等级的选择

机油黏度等级选择的主要依据汽车使用环境温度、发动机磨损情况以及进气方式（自然吸气或废气涡轮增压）等条件。图 2－5 所示为按当前环境温度选择机油黏度等级的常用方法。

根据黏度选择合适机油

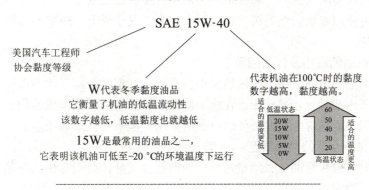

SAE 15W-40

美国汽车工程师协会黏度等级

W代表冬季黏度油品 它衡量了机油的低温流动性 该数字越低，低温黏度也就越低

15W是最常用的油品之一，它表明该机油可低至-20 ℃的环境温度下运行

代表机油在100℃时的黏度 数字越高，黏度越高。

不同温度的选油标准

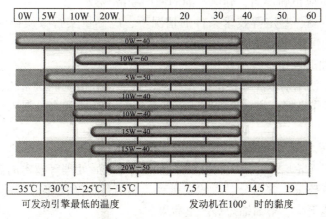

图 2－5 机油黏度等级选择的环境温度

（2）机油质量等级的选择

汽油机油质量等级选择的主要依据是发动机工况的苛刻程度、进排气系统中的附加装

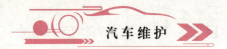

置及生产年代等。

3. 机油使用的注意事项

（1）应尽量使用稀机油

在保证发动机润滑可靠的前提下，机油黏度尽可能小些，使其快速循环，及时供应，以充分发挥机油的润滑、清洁和冷却等作用。黏度太大的机油，会使发动机运转阻力增大，油耗增加。但选用黏度太低的机油，会使机油压力过低，润滑油膜变薄，造成密封效果变差。所以应根据车况、季节来正确选用机油。

（2）应尽量使用多级机油

多级机油的黏温性好，使用时间长，可四季通用，便于管理。使用多级机油时，油色容易变黑，机油压力也比普通机油小些，这属于正常现象，不影响使用。

（3）应优先选用国产品牌机油

国产长城、南海、飞天等品牌机油质优价廉（仅为进口机油价格的50%~60%），而且符合国际高级润滑油的各项指标，因此可优先选用。

（4）应坚持经济适用的原则

在选择机油的使用级别时，高级机油可以用在要求较低的发动机上，但过多降级使用不经济。切勿将使用级别较低的机油加在要求较高的发动机上，否则会加速发动机的磨损而造成过早损坏。

（5）注意机油的混用及代用问题

汽油机油和柴油机油原则上应区别使用，只有在汽车生产厂有代用说明或标明是汽油机和柴油机的通用油时，才可代用或在标明的黏度和质量级别范围里通用；单级机油和多级机油不要混用；不同牌号机油必要时可临时混用，但不要长期混用。

（6）注意保持合适的油面高度

加注机油时，应注意油量，油量过少，油面就会过低，会引起供油不足并加速机油变质；油量过多，油面就会过高，机油从活塞和气缸壁的间隙中窜入燃烧室燃烧，使积炭增多。

（7）换油时机应正确得当，确保机油的使用经济有效

在具备油品检测、鉴定等技术条件的情况下，应尽量实行按质换油，以降低用油成本；没有条件时，可按车辆使用说明书规定的换油里程换油。

（8）注意换油的操作步骤和要领

为延长机油的使用期限，在换油时要放净旧机油，并清洗润滑系统；应保持曲轴箱通风装置（PcV）工作良好；添加新油时，应注意不要让杂质和水分混入；换油同时还应更换滤芯。

（9）特别提醒

当前装配废气涡轮增压、废气再循环系统以及尾气后处理等技术的高速高负荷柴油发动机，严禁使用含硫量、含水分、含残碳量高，热值低，杂质多的劣质柴油机油；否则，会导致柴油机性能下降、寿命缩短等严重后果。

任务二 冷却系统维护

知识目标

1. 了解冷却系统组成；
2. 掌握冷却系统作用；
3. 掌握冷却系统维护周期；
4. 掌握冷却系统维护项目。

能力目标

1. 能够完成冷却系统检查操作；
2. 能够完成冷却系统维护操作。

任务导入

一辆丰田卡罗拉轿车行驶了 40 000 km，车主最近发现发动机冷却液报警灯会偶尔地点亮，于是将汽车送至维修企业进行检查。维修技师通过初步检查，确定冷却液量不足，另外，根据汽车行驶里程，需要对汽车的制冷剂进行更换。你知道汽车的冷却系统维护项目都有哪些吗？如何操作？

知识学习

一、冷却系统介绍

冷却系统

1. 冷却系统作用

冷却系统的作用主要是将发动机工作时的热量散发到空气中以防止发动机过热，但冷却系统还有其他重要作用。汽车中的发动机在适当的高温状态（一般为 80～105 ℃）下运行状况最好；如果过度冷却，发动机燃烧室内的温度将降低，导致混合气雾化不良，动力下降，经济性变差，气缸磨损加剧；如果冷却不足，发动机燃烧室内的温度上升，将导致发动机负荷增大，易发生爆震，加剧发动机的磨损，降低发动机的寿命。

2. 冷却系统组成

冷却系统的主要零部件有节温器、水泵、散热器、电动风扇、水温传感器、膨胀水箱（有的维修手册也称副水箱或冷却壶等）、暖风装置（类似散热器），如图 2-6 所示。

3. 冷却系统原理

发动机工作时带动水泵工作，水泵从散热器出水管将冷却液加压后，强行打入发动机气缸体内水道中。水泵处于连续工作状态，不断地向缸体内挤压冷却液，升高水压并通过节温器输送到散热器出水管。在这一强制循环系统中，水泵泵水量的大小取决于串联在水管道中的节温器，水泵装在进水道中，节温器装在出水道中。水泵从散热器抽水向气缸水

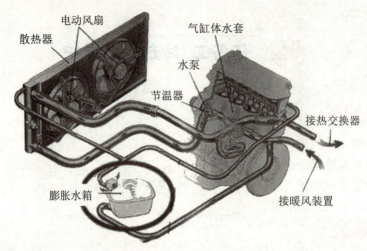

图2-6 冷却系统组成

道泵水，节温器控制着出水水流的大小。轿车中常见的一种最简单的布置方式是节温器装在水泵前端，控制进水水流的大小。

4. 循环方式

汽车发动机冷却循环方式分为小循环和大循环。

小循环就是水温低时，冷却液不经过散热器而进行的循环流动，从而使发动机内的冷却液温度升高。

大循环就是冷却液温度达到一定时（80℃左右），冷却液经过散热器而进行的循环流动。

二、冷却液更换周期

不同的汽车生产厂对原厂防冻液的建议更换周期会有所差异，但其中绝大部分厂家建议车主每2年或40 000 km更换一次车辆防冻液，也有部分厂家标示其原厂防冻液更换周期为4年或5年。不同车型，遵照各自保养手册执行。

三、项目操作

1. 项目操作一：冷却液液位的检查

冷却系统维护

汽车在使用过程中，冷却液不能过多也不能过少。

步骤一：在发动机冷态下检查膨胀水箱中冷却液的液面高度。冷却液液面正常的高度应在膨胀水箱表面上的max（最高）标线与min（最低）标线之间，如图2-7所示。

步骤二：若冷却液不足，应添加至规定位置。

步骤三：使用冰点测试仪检查冷却液冰点温度是否符合要求（冷却液冰点温度标准值）。根据车辆使用地区的不同，可以选择不同冰点的冷却液。冰点测试仪在使用前必须将棱镜擦拭干净，如图2-8所示。

图 2 - 7　冷却液液位标线

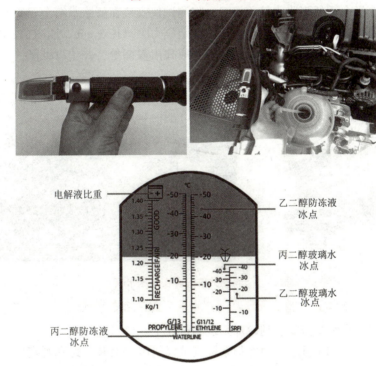

图 2 - 8　用冰点测试仪检查冷却液冰点温度

步骤四：检查冷却系统管路有无变形、老化、凸起、裂纹、泄漏等。

2. 项目操作二：冷却液的更换

按照保养手册（多数车辆更换标准为 40 000 km 或 2 年）的要求，当冷却液到保养期后需要更换。更换冷却液需要待发动机冷却后方可进行。更换冷却液的步骤如下所述：

冷却液更换流程

步骤一：打开膨胀水箱盖（如果发动机刚刚运行，冷却液温度较高时，首先应该用抹布盖住膨胀水箱盖，旋转 45°排放热气，切勿佩戴线制手套进行此操作，防止烫伤）。

步骤二：举升车辆，在车辆下面放一个集液盘用来收集冷却液。打开散热器和发动机缸体的冷却液排放开关，排出冷却液。若散热器或发动机缸体没有冷却液排放开关，可拆下散热器下方的水管排放冷却液。

步骤三：关闭冷却液排放开关。

步骤四：从膨胀水箱盖处加入冷却液，不要超过上限标线。

步骤五：加注完成后拧紧冷却液膨胀水箱盖。

步骤六：起动发动机并息速运转至电动风扇开始工作时，膨胀水箱中冷却液液面会有所下降，继续补加冷却液至合适位置即可。

步骤七：检查车下有无冷却液泄漏（主要是管路接头），如有泄漏，应检查并排除故障。

3. 项目操作三：冷却系统密封性的检查

检查冷却系统的密封性，看有无渗漏，可用专用工具——冷却系统测试仪进行测试。

步骤一：选择合适的膨胀水箱盖接口，将测试仪安装在膨胀水箱上，如图 2 – 9 所示。

步骤二：用测试仪的手动泵使压力达到规定压力，维持 3 min，压力值应无明显变化。如果压力下降，即表明冷却系统有渗漏故障，应找出渗漏处，并予以维修。

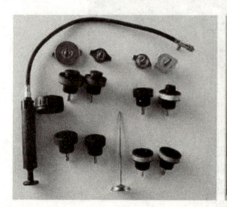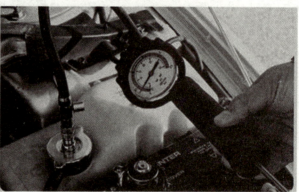

图 2 – 9　将测试仪安装在膨胀水箱上

4. 项目操作四：膨胀水箱盖安全阀（限压阀）及密封性检查

步骤一：将膨胀水箱盖安装到冷却系统测试仪上。

步骤二：如图 2 – 10 所示，用冷却系统测试仪使压力上升，达到规定压力时，膨胀水箱盖安全阀（限压阀）应能打开并泄压。如果未达到规定压力便泄压或者达到规定压力仍不泄压，则更换膨胀水箱盖。

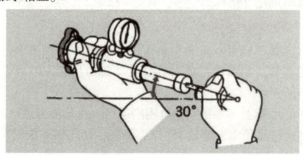

图 2 – 10　检查膨胀水箱盖安全阀的功能

步骤三：检查膨胀水箱盖密封垫圈是否有老化、裂纹和损坏状况，如图 2 – 11 所示。如果出现以上状况，建议更换。

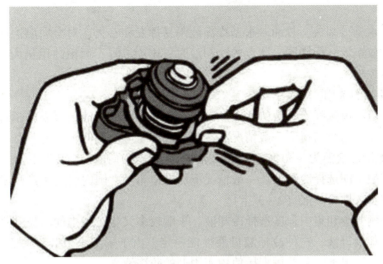

图 2-11 膨胀水箱盖密封垫圈检查

四、知识拓展——冷却液

1. 冷却液的分类及选用

（1）汽车常用冷却液的种类

现代汽车所用冷却液是指在原来防冻液的基础上再加防沸剂、防锈剂和防垢剂等添加剂，从而具有防结冰、防沸腾、防锈蚀和防水垢等综合作用的冷却媒介，适用于全国全年各种车辆。因过去主要用于防结冰，故许多地方仍称其为防冻液。应注意区分现代冷却液和过去单纯防冻液之间的区别，不要以为冷却液就是防冻液，它只是用于北方地区车辆冬季冷却的错误认识。目前，国产常用的冷却液有以下几个品种：

①乙二醇-水型冷却液。乙二醇是一种无色微黏的液体，沸点是 197.4 ℃，冰点是 -11.5 ℃，能与水任意比例混合。混合后由于改变了冷却水的蒸气压，冰点显著降低，其降低的程度在一定范围内随乙二醇含量的增加而增加。当乙二醇的含量为 68% 时，冰点可降低到 -68 ℃，超过这个限量时，冰点反而要上升。乙二醇冷却液在使用中易生成酸性物质，对金属有腐蚀，因此，应加入适量的磷酸氢二钠等以防腐蚀。

乙二醇有毒，但由于其沸点高，不易产生蒸气被人吸入体内而引起中毒。乙二醇的吸水性强，贮存的容器应密封，以防吸水后溢出。由于水的沸点比乙二醇低，使用中蒸发的是水，故缺冷却液时，只要加入纯净软水就行了。这种冷却液用后，经过沉淀、过滤，加水调整浓度，补加防腐剂后，还可继续使用，一般可用 3~5 年。

②酒精-水型冷却液。酒精的沸点是 78.3 ℃，冰点是 -11.4 ℃。酒精与水可任意比例混合，组成不同冰点的冷却液。酒精的含量越多，冰点越低。酒精是易燃品，当冷却液中的酒精含量达到 40% 以上时，就容易产生酒精蒸气而着火。因此，冷却液中的酒精含量不宜超过 40%，冰点限制在 -30 ℃左右。酒精-水型冷却液具有流动性好、散热快、取材方便、配制简单等优点。它的缺点是沸点低、蒸发损失大、容易着火。酒精蒸发后，冷却液成分改变，冰点升高，所以在高原地区行驶的汽车不宜使用酒精-水

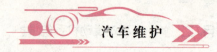

型冷却液。

③甘油－水型冷却液。甘油－水型冷却液不易挥发和着火，对金属腐蚀性也小；但甘油降低冰点的效率低，配制同一冰点的冷却液时，比乙二醇、酒精的用量大。因此，这种冷却液用得较少。

（2）冷却液的选用

①根据环境温度选择冷却液的冰点。冷却液的冰点是冷却液最重要的指标之一，是冷却液能不能防冻的重要前提。一般情况下冷却液的冰点应选择低于当地冬季最低气温 10 ~ 15 ℃，如当地最低气温为 –30 ℃，则冷却液的冰点应选择在 –45 ℃ 以下。

②根据车型不同选择冷却液。一般情况下，进口车辆、国内引进生产车辆及高中档车辆全年应选用永久性冷却液（2 ~ 3 年）。

③按照车辆多少和集中程度选择冷却液。车辆较多又相对集中的单位和部门，可以选用小包装的冷却液母液，这种冷却液母液性能稳定，由于采用小包装，便于运输和贮存。车辆少或分散的情况下，冬季可直接使用实用型的防冻液。

④应兼顾防锈、防腐及除垢能力来选择冷却液。冷却液除了具有防结冰的重要作用，防锈蚀也很关键，所以宜选用加有防腐剂、缓蚀剂、防垢剂和清洗剂等添加剂的产品。

⑤选用与橡胶密封件和橡胶水管相匹配的冷却液。冷却液对橡胶密封件及橡胶水管应无溶胀和侵蚀等副作用。

2. 冷却液使用的注意事项

①冷却液及其添加剂均为有毒物质，切勿直接接触皮肤，要放置于安全场所。

②冷却液的使用浓度（体积百分数）一般在 40% ~ 60%。

③除乙二醇－水型冷却液外，其他品种放出的冷却液不宜再使用，应严格按有关法规处理废弃的冷却液。

④更换缸盖、缸垫、散热器时，必须更换冷却液。

⑤发动机"开锅"时，冷却系统内处于高温、高压状态，因此，"开锅"时切勿打开散热器盖，以防烫伤。

⑥必须在发动机处于冷态时添加冷却液，以免高温气缸体水套遇冷炸裂，损坏发动机。

⑦在冬季紧急情况下，若全部加入了纯净的软水，则必须尽快按规定添加冷却液添加剂，使冷却液浓度恢复到正常状态，以防发动机气缸体水套结冰。

⑧冬季来临前应检查冷却液浓度，并按规定调配，保证冷却液具有足够的防冻能力。

任务三 燃料供给系统维护

知识目标

1. 了解燃料供给系统组成；
2. 了解燃料供给系统各元件功用；
3. 掌握燃料供给系统各元件安装位置；
4. 掌握燃料供给系统维护周期；
5. 掌握燃料供给系统维护项目。

能力目标

1. 能够完成燃料供给系统管路连接状况检查操作；
2. 能够完成燃料供给系统维护操作。

任务导入

一辆汽车行驶了 60 000km，车主最近发现汽车加速无力，而且油耗增加，汽车仪表并没有报警，而且汽车不久前刚刚在快保店更换了机油和空气滤芯，于是车主将汽车开到维修企业进行检查。维修技师通过检查并与车主交流，判定汽车需要更换燃油滤清器。你知道燃料供给系统维护项目都有哪些吗？如何操作？

知识学习

一、燃料供给系统介绍

燃油供给系统

1. 燃料供给系统组成

燃料供给系统有油箱、油管、燃油泵、燃油滤清器、空气滤清器、喷油器、活性炭罐、进气管、排气管等，如图 2 - 12 所示。

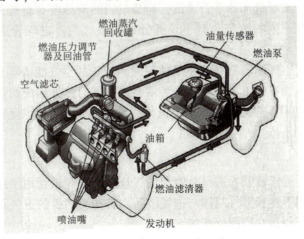

图 2 - 12 燃料供给系统组成

2. 燃料供给系统功用

汽油机燃料供给系统的功用是：将汽油经过雾化和蒸发（汽化）并和空气按一定比例均匀混合成可燃混合气，再根据发动机各种不同工况的要求，向发动机气缸内供给不同质（即不同浓度）和不同量的可燃混合气，以便在临近压缩终了时点火燃烧而放出热量（燃气膨胀做功），最后将气缸内废气排至大气中。

柴油机燃料供给系统的功用是：不断供给发动机经过滤清的清洁燃料和空气，根据柴油机不同工况的要求，将一定量的柴油以一定压力和喷油质量定时喷入燃烧室，使其与空气迅速混合并燃烧，做功后将燃烧废气排出气缸。

二、燃料供给系统各元件

本部分内容以汽油机燃料供给系统为例作介绍。

1. 空气滤清器

（1）功用

空气滤清器是空气供给系统的主要组成部分，其功用是滤除空气中的杂质，以减轻发动机磨损。同时，空气滤清器也可减小发动机进气噪声。

（2）更换周期

空气滤清器在使用过程中不需要维护，按照车辆保养手册规定的维护周期定期更换即可。

不同车型的空气滤清器更换里程不同，一般为5 000～30 000 km。在风沙、灰尘较大的地区，可按照保养手册规定的行驶里程适当提前更换空气滤清器。

2. 节气门体

节气门体安装在进气管中，用以控制发动机正常工况下的进气量，可分为直动式和旁通气道式两种，主要由节气门、怠速控制阀（怠速控制装置）、怠速空气道和节气门位置传感器等组成。

节气门是发动机电控系统中最重要的部件，它上接空气滤清器，下接发动机缸体，是汽车发动机的咽喉。发动机加速是否灵活，与节气门的清洁度有直接关系。发动机在运转过程中，气缸内燃烧产生的废气会有一小部分通过进气门、进气管道在节气门体处生成积炭。

此外，空气经过空气滤清器（特别是使用时间较长的空气滤清器）后，会有杂质残留在节气门中，这些污物积累下来，时间长了就会在节气门体处形成污垢，造成节气门开关阻力增大、节气门关闭不符合设定的标准值等，导致发动机怠速不稳、怠速抖动等故障，所以要定期清洗节气门体。

3. 进气歧管

进气管一般包括进气软管、进气总管和进气歧管。进气软管用于连接空气滤清器与节气门体，进气总管用于连接节气门体与进气歧管。有些发动机的进气总管与进气歧管制成一体，有些则是分开制造并用螺栓连接。

进气歧管的功用是给各缸分配空气。进气歧管用螺栓安装在气缸盖上，并在进气歧管与气缸盖之间装有密封垫，以防止漏气。发动机的进气歧管与排气歧管一般制成一体，称为整体式进排气歧管。

4. 发动机燃烧室

当活塞位于上止点时，活塞顶部及气缸盖底面以下所形成的凹部空间称为发动机燃烧室。发动机燃烧室常见的结构形式有楔形、盆形、半球形、多球形、浅篷形等。

随着汽车行驶里程的增加，发动机进气歧管内壁表面和发动机燃烧室内会形成积炭。这些地方的轻微积炭可以采用免拆的方法进行清洗；如果积炭严重，免拆清洗的方法也是无效的，就需要进一步拆卸清洗。

5. 曲轴箱强制通风装置

（1）功用

利用气缸中进气的真空度将漏入曲轴箱中的高温、高压废气及可燃混合气强制吸入气缸，可以将窜入曲轴箱内的混合气回收利用，有利于提高发动机的经济性。现代汽车发动机曲轴箱一般采用强制通风装置。

曲轴箱强制通风的工作原理

（2）结构

曲轴箱强制通风装置主要由 PCV（曲轴箱强制通风）阀、真空胶管（PCV 软管）和平衡管等组成。发动机工作时，利用进气歧管内的真空度将窜入曲轴箱的气体经 PCV 阀和真空胶管吸入进气歧管，随新鲜空气一起进入气缸参加燃烧。PCV 阀安装在气门室盖上。

（3）工作原理

PCV 阀也叫流量控制阀，用于防止发动机怠速时有过多的气体流入气缸，造成怠速不稳或熄火。PCV 阀是一个单向阀，其简单工作原理如图 2-13 所示。当怠速小负荷或减速时，进气歧管内真空度最大，气缸中的真空度将单向阀吸向阀座，PCV 阀开度减小，通风量较少，既保证了通风效果，又保证了怠速稳定；当节气门开度加大时，进气歧管内真空度减小，PCV 阀阀门在弹簧的作用下开度增大，曲轴箱的通风量增加，保证了曲轴箱内的气体抽出和空气的更新；大负荷时，阀门全开，通风量最大，保证了曲轴箱内新旧气体的大量对流。

当发动机怠速不稳或易熄火时，应检查曲轴箱强制通风装置。

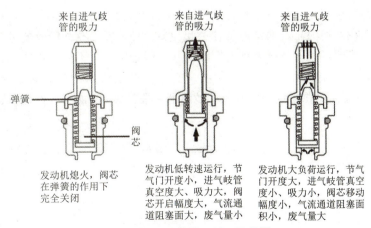

图 2-13 曲轴箱强制通风装置

6. 三元催化转化器

（1）安装位置

三元催化转化器也称三元催化器，可直接地表述为尾气净化器，它安装在发动机排气管中。

（2）功用

三元催化转化器以陶瓷为载体，在多孔陶瓷表面覆盖着一层铂、钯、铑 3 种贵金属作为催化剂，进行氧化和还原作用，将尾气排出的一氧化碳（CO）、碳氢化合物（CxHy）和氮氧化物（N0x）等有害气体通过催化反应转变为无害的水（H_2O）、二氧化碳（CO_2）和氮气（N_2）。

（3）缺少维护的影响

三元催化转化器若长时间不维护，可能会失去催化的活性（俗称中毒）或堵塞，给车辆造成诸多危害，会影响以下几个方面：

①汽车氧传感器感应数据异常。

②尾气排放不合格，影响车辆年检。

③排气不畅，背压提高，发动机油耗增加，动力下降。

④严重堵塞时，燃烧产生的高温不能释放出去，堵塞在三元催化转化器处，甚至可能引起车辆自燃。

7. 电动燃油泵

电动燃油泵将汽油自油箱内吸出，经燃油滤清器（有的车型燃油滤清器与燃油泵一起装在油箱内）过滤后，由油压调节器对燃油压力进行调节，通过燃油分配管输送给喷油器，喷油器根据发动机 ECU 的指令向进气管喷油，最后燃油泵供给的多余汽油经回油管流回油箱（注：有些车型采用无回油管燃油供给系统）。

燃油泵一般装在油箱内，喷油器由发动机 ECU 控制。油压调节器通过控制回油量来调节燃油分配管内的燃油压力，以保证喷油器的喷油压差保持恒定。

8. 汽油滤清器

汽油滤清器简称汽滤，其主要功能是滤除汽油中的杂质。汽油滤清器安装位置有两种，一种是安装在油箱内与汽油泵组装在一起，另一种是安装在油箱外的进油管路中。

如果汽油滤清器过脏，就会表现为发动机起动困难、怠速不稳或加速无力。

汽油滤清器更换周期以保养手册为准。安装在进油管路中的汽油滤清器一般行驶 30 000 km 更换一次，安装在油箱内的汽油滤清器一般行驶 60 000 ~ 100 000 km 更换一次。

9. 喷油器

喷油器是电控燃油喷射系统的执行元件，作用是根据 ECU 发出的脉冲喷油信号控制燃油喷射量。

10. 活性炭罐

油箱内的汽油蒸气从分离阀出口经管道进入活性炭罐。

活性炭罐里充满的活性炭可以吸附汽油蒸气中的汽油分子。当油箱内的汽油蒸气经蒸气管道进入蒸气回收罐时，蒸气中的汽油分子被活性炭吸附，防止汽油分子进入大气。

高压共轨喷油器

　　另外，活性炭罐上方的另一个出口经真空软管与发动机进气歧管相通。真空软管中部有一个电磁阀控制管路的通断。当发动机运转时，如果电磁阀开启，则在进气歧管真空吸力的作用下，新鲜空气将从蒸气回收罐下方进入，经过活性炭后再从活性炭罐的出口进入与软管相连的发动机进气歧管，把吸附在活性炭上的汽油分子（重新蒸发的）送入发动机燃烧，使之得到充分利用；活性炭罐内的活性炭则随之恢复吸附能力，不会因使用太久而失效。

　　总之，活性炭罐可以防止汽油分子进入空气而造成污染，也可以将其吸附的汽油分子再回收利用。

三、项目操作

空气滤清器及其维护

1. 项目操作一：空气滤清器的维护

　　一般汽车每行驶 10 000 km（风沙较大或者空气质量不好的地区可以缩短更换里程），应对空气滤清器进行一次维护。

　　步骤一：维护空气滤清器时，先拆下空气滤清器盖。有的车型采用螺钉固定空气滤清器盖，有的车型采用卡扣固定空气滤清器盖。拆卸空气滤清器盖前注意将空气滤清器盖周围附件断开，如真空管、进气温度传感器连接线等。

　　步骤二：取出空气滤清器滤芯。

　　步骤三：检查空气滤清器滤芯，若沾有油污或破损，应更换新件。对未到维护里程能继续使用的空气滤清器滤芯，可以轻轻拍打将灰尘震掉；也可以使用压缩空气从里向外（与进气方向相反）吹掉空气滤清器滤芯内的灰尘（此操作需在开阔场地进行），如图 2 - 14 所示。注意选择合适的气压进行此步骤操作，以免压力过高损坏滤芯。

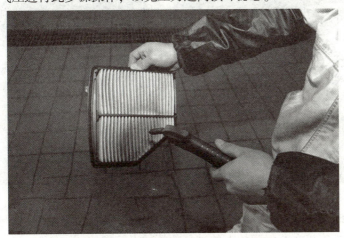

图 2 - 14　用压缩空气清洁空气滤清器

　　步骤四：用干净的抹布清洁空气滤清器内的底板，清理脏物。

　　步骤五：如图 2 - 15 所示，安装新的或清洁后的空气滤清器滤芯。安装时应注意滤芯安装方向，安装完毕后检查滤芯安装是否到位。

图 2 - 15　安装空气滤清器滤芯

步骤六：安装空气滤清器盖，紧固盖上的固定螺钉或卡扣，连接附件。

2. 项目操作二：节气门体的维护

节气门体是空气供给系统的重要部件。

汽车节气门体的维护工作主要内容就是清洗节气门，在维修时应检查节气门体内是否有积垢或结胶，必要时可用化油器清洗剂就车进行清洗，如图 2 - 16 所示。绝对不允许用砂纸或刮刀等清理积垢和结胶，以免损伤节气门体内腔，导致节气门关闭不严或改变怠速空气道尺寸，影响发动机正常工作。在车辆例行保养过程中，对节气门清洗不做强制规定，一般可视情况（40 000 km 最好清洁一次）而定。如果发动机有怠速不稳的故障现象出现，则可以进行节气门清洗处理，如果故障现象没有消失，则需要对怠速阀做进一步检测。

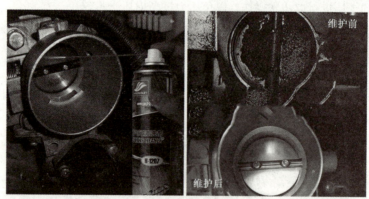

图 2 - 16　用化油器清洗剂就车清洗节气门体

清洗节气门时最好是将节气门体拆下来进行彻底清洗。清洗节气门的步骤如下：

步骤一：拧松连接在节气门体上的进气软管的卡箍螺栓。

步骤二：取下带空气滤清器壳体的进气软管总成。

步骤三：拔下节气门体上的线束插头。有的老旧车型上有节气门拉索和加热水管等，一并拆除。

步骤四：拆下固定节气门体的螺栓或螺母，拆下节气门体总成。

步骤五：用化油器清洗剂清洗节气门体。对着节气门阀片、节气门轴、节气门内壁喷清洗剂，节气门阀片正反两面都要清洗干净。

清洗时，应将节气门位置传感器朝上，不要使清洗剂进入传感器等电气部件内部，否则会造成电气部件损坏；不要用清洗剂清洗橡胶密封垫。

步骤六：清洗结束后，按照与拆卸相反的顺序装回节气门体。

3. 项目操作三：节气门的匹配

节气门清洗后，发动机在怠速时节气门的开度发生了变化，从而引起发动机怠速、转速的变化，因此，节气门在清洗后需要进行初始化匹配。把节气门最新状态数据写入发动机 ECU，使发动机 ECU 按新数据调整工作方式。各种车系的匹配方法不一，一般有以下几种：

（1）手动匹配

①拉线式节气门：有些车辆采用的是拉线式节气门，在更换节气门后，可以手动匹配。用钥匙把点火开关连续开关几次，发动机 ECU 就会把原节气门的记忆删除，储存新节气门的数据。起动发动机，车辆运转正常，即完成匹配。

②电子节气门：当电子节气门更换好后，打开点火开关，可以听到节气门电动机动作的响声。等待 1 min 左右（有些车辆可能需要更长的时间，但是不会超过 30 min），当节气门电动机再次动作的时候，就可以直接起动发动机，如果发动机怠速运转正常，说明节气门匹配成功。

（2）断电匹配

步骤一：在更换节气门后，把蓄电池负极断开（或拔下对应熔丝）。

步骤二：等待 1 min（有些车辆可能需要更长的时间，但是不会超过 30 min）后再装回蓄电池负极（或装回熔丝）。

在这个过程中会清除车载计算机原有的记忆，恢复到出厂设置，起动车辆运转正常后，即匹配成功。如果采用这个方法，车辆的时钟、车窗、天窗、音响等可能都要重新设定，故很少采用。

（3）故障诊断仪匹配

现在大多数汽车发动机采用的是电子节气门，电子节气门匹配一般需要使用专用或通用故障诊断仪（解码器）进行操作，按故障诊断仪提示清空发动机 ECU 原有数据，并识别新数据。匹配方法如下：

步骤一：起动发动机，使发动机达到正常工作温度，发动机 ECU 中无故障码，关闭所有用电设备及空调。

步骤二：进行故障诊断仪匹配。连接故障诊断仪，选择车型，选择发动机 ECU，进入"发动机控制单元"，找到节气门初始化选项（有些车型的专用诊断仪具有引导型功能，可以按照相应提示操作即可）。

步骤三：按照故障诊断仪屏幕显示的提示内容操作。此时节气门调节器进入最大及最小位置运行，发动机 ECU 将最大及最小的节气门角度存储到永久存储器中，该过程持续 10 s 左右，紧接着节气门短时间处于起动位置，然后关闭，节气门初始化匹配即可完成。

4. 项目操作四：进气歧管与发动机燃烧室的清洗

步骤一：关闭清洗设备调压阀，如图 2 - 17 所示，将进气系统免拆清洗液倒入专用清

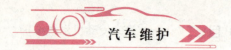

洗吊瓶中。

图2－17　进气歧管清洗设备

步骤二：起动发动机至正常温度，将发动机真空管拆开，接上清洗设备的出油管。

步骤三：打开清洗设备阀门，发动机在怠速运转中，即可将清洗液慢慢吸入发动机进气道中，开始进行进气歧管与发动机燃烧室的免拆清洗（清洗时注意流量控制，如果清洗液流量过快，尾气容易产生黑烟或者熄火）。

步骤四：清洗完毕后关闭发动机，拆下清洗设备，恢复发动机原来的状况。

步骤五：再次起动发动机，将发动机转速快速提高至 3 000 r·min⁻¹左右，然后再降回到怠速运转，反复操作5～10次，整个清洗过程完成（清洗时间一般需要30～50 min）。

5. 项目操作五：曲轴箱强制通风装置的维护

（1）曲轴箱强制通风装置就车检查（一）

步骤一：起动发动机，预热至正常工作温度（需要3～5 min）。

步骤二：使用鲤鱼钳（管路上需要放置抹布，防止损坏管路）夹住 PCV 阀连接管路。

曲轴箱强制
通风系统维护

步骤三：观察发动机运行状况，如果发动机出现抖动（工作噪声），说明 PCV 阀及其连接正常。

（2）曲轴箱强制通风装置就车检查（二）

步骤一：从发动机气门室盖上拆下 PCV 阀（PCV 阀与真空胶管是连接状态）。

步骤二：保持 PCV 阀另一端通过真空胶管与发动机进气室相连。

步骤三：起动发动机，怠速运转。

步骤四：如图2－18所示，将手指轻轻压在 PCV 阀开口处，感觉手指是否受到吸力作用，确认进气歧管真空度。若真空度足够，抬起手指时应有气流响声。

图2－18　将手指压在 PCV 阀开口处

步骤五：如果未感觉到有真空，则清洁或更换 PCV 阀。

（3）PCV 阀工作情况的检查

步骤一：检查真空胶管和平衡管，若有老化或损坏现象，应更换新的软管。装复时应将各接管紧固，各接管不得有漏气、堵塞现象。

步骤二：拆下 PCV 阀，借助一清洁软管，从曲轴箱侧吹气应畅通，从进气歧管侧吹气应不通，否则应清洗或更换 PCV 阀。在清洗 PCV 阀时，应用煤油清洗，并用压缩空气吹净。

6. 项目操作六：三元催化转化器的清洗

在对三元催化转化器进行清洗时，使用的清洗剂由发动机上的真空管吸入发动机进气管中，通过燃烧室、排气管到达三元催化转化器内，在一定温度下，与三元催化转化器表面的覆盖物发生化学反应，进而达到清洁的目的。三元催化转化器的清洗可参考进气歧管与发动机燃烧室的清洗操作，清洗方法如下：

步骤一：起动发动机，待发动机冷却液温度正常后将发动机熄火。

步骤二：将清洗剂倒入专用清洗吊瓶中，将设备输出接头与真空管连接。

步骤三：起动发动机，将发动机转速控制在 2 000 r·min^{-1} 左右，打开清洗设备上的流量控制阀，将清洗剂缓慢滴入进气道。清洗时间通常为 30～40 min。

7. 项目操作七：汽油滤清器的更换

（1）更换安装在油箱外的汽油滤清器

步骤一：准备接油杯、拆装工具等。

步骤二：燃油的泄压。由于燃油供给系统内有 30 000～35 000 kPa 的压力，为避免在拆卸滤清器时发生喷油，在断开燃油管路前需释放燃油供给系统中的压力。

先将发动机起动，使之怠速运转，拆下汽油泵的熔丝、继电器或断开汽油泵的连接线束，等到发动机自动熄火为止。熔丝、继电器或汽油泵的连接线束断开其中一个即可，在插拔以上器件前一定确认不影响发动机工作。有些车型熔丝和继电器还控制车辆其他部件，可能导致发动机无法运行，因此应合理选择。

步骤三：举升车辆，找到汽油滤清器的安装位置，如图 2-19 所示。

外置式燃油滤清器

图 2-19 外置式燃油滤清器安装位置

步骤四：将接油杯放在进油管下方。用手指或旋具往下按油管上的卡扣，分别拆下进油管和出油管。

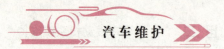

步骤五：拆下固定螺栓，将汽油滤清器从安装支架上拆下来。

步骤六：将新的汽油滤清器按拆卸的相反顺序安装到原来的位置，确保进、出油管连接紧固。

步骤七：起动发动机，使之怠速运转，检查汽油滤清器管路连接部位，不应有泄漏处。

（2）更换安装在油箱内的汽油滤清器

步骤一：先将车辆燃油系统泄压。

步骤二：拆下后排座椅（多数车型燃油泵的安装位置在驾驶室后排座椅下部，也有少数车型在行李箱内）。

检查和更换发
动机燃油滤清器

步骤三：拆卸燃油泵保护盖，拔下油泵线束，断开油泵管路，拆卸油泵固定螺栓。

步骤四：将汽油泵与汽油滤清器总成一起从油箱中取出，取出时，要注意油位传感器，切勿因蛮力导致油位传感器损坏，如图2-20所示，然后分解汽油泵与汽油滤清器。

燃油泵

燃油滤清器

油位传感器

图 2-20　取出内置式燃油滤清器

步骤五：将汽油滤清器进油口处的管子拔下（用拇指与食指两面同时按下），这时管内的汽油会溢出来，将里面的油引入杯子中。

步骤六：将汽油滤清器的另一端拔下，拆下旧的汽油滤清器，换上新的汽油滤清器并安装到位，用旋具拧紧管箍。

步骤七：起动汽车并使发动机怠速运转一段时间，观察更换汽油滤清器后是否有发动机运转不良的现象，若没有，则表明安装良好，汽车就可以上路行驶了。

8. 项目操作八：油箱盖检查

步骤一：变形或者损坏检查。通过检查确保油箱盖或者垫片没有变形或者损坏，同时检查真空阀是否锈蚀或者粘住，如图2-21所示。

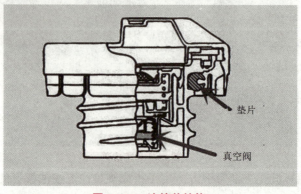

垫片

真空阀

图 2-21　油箱盖结构

步骤二：附件情况检查。通过检查确保油箱盖能够被正确上紧。

步骤三：扭矩限制器工作情况。安装油箱盖，进一步上紧油箱盖，确保油箱盖发出咔嗒声而且能够自由转动。

四、知识拓展——汽油和柴油

燃油型号选择

1. 汽油

（1）汽油的标号

以前我国常用的车用汽油分为 90、93、97 等标号，根据我国第六阶段车用汽油国家标准（GB 17930—2016）要求，89 号、92 号、95 号汽油的辛烷值（RON）必须不小于 89、92、95。辛烷值是汽油的重要组分，汽油的标号越高，其辛烷值就越高，汽油的抗爆性就越强。

（2）汽油的选用

选用汽油标号总的原则是不使发动机产生爆燃。为此，应依据以下几点要求选用汽油。

①依据汽车生产厂的规定选用汽油。在随车提供的汽车使用说明书中一般都有明确的规定和说明，所以依据使用说明书规定选用汽油是最常用的方法。

②依据发动机压缩比的高低选用汽油。压缩比越高，发动机越易产生爆燃，因此，高压缩比的发动机不能选用低标号的汽油，否则会产生爆燃。低压缩比的发动机可选用高标号的汽油，但不经济，而且会导致点火迟滞，使发动机温度过高，易烧结活塞环、火花塞、喷油器等。

③依据汽车的使用条件选用汽油。经常处于大负荷、大转矩、低转速状况下使用的汽油车，容易产生爆燃，应选用较高标号的汽油；高原地区由于气压低，空气稀薄，气缸充气性差，汽油机工作时发生爆燃的倾向减小，可适当降低汽油的标号。实践表明，海拔每上升 100 m，汽油辛烷值可降低约 0.1 个单位。

（3）汽油使用的注意事项

①根据使用的汽油标号不同对发动机有关系统进行适当调整。当汽油机使用辛烷值低于规定标号的汽油时，应调小点火提前角，以免发生爆燃。

②根据海拔调整有关参数。根据汽车行驶地区的海拔，及时调整点火提前角大小。汽车从平原（或高原）行驶到高原（或平原）后，应及时将点火角适当提前（或推迟）一些。

③预防供油系统产生"气阻"。汽车在炎热夏季或高原、高山地区行驶时，应选用隔热物将汽油泵和输油管隔开，尽量减少输油管道的弯角，并加强发动机舱内的通风，以防产生气阻。如已产生气阻，则选择通风处停车，并在汽油泵、输油管和进气管等处敷湿毛巾等使其自然降温。

④应及时清除积炭、漆膜等物。在维修发动机时，维修人员要彻底清除进气管、进排气门、燃烧室等处的积炭和漆膜等，以防这些物质的隔热作用而导致发动机产生"早燃"或"爆燃"现象。

⑤防止油箱、输油管路等处胶质的产生。油箱内要经常装满汽油，尽量减少油箱中的

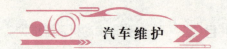

空气量，保持蒸气空气阀的开闭自如，以免产生胶质而堵塞油道、量孔和喷油器等。

⑥在维修车辆时，严禁使用汽油清洗汽车零部件，以免发生火灾。

⑦汽油是易燃易爆物品，其蒸气与空气混合达到一定的比例后，一遇火星就会着火，甚至爆炸。运输、维修企业内，暂时储存装卸汽油时，应严格防火、防爆。

2. 柴油

（1）柴油的标号

柴油标号是根据柴油的凝固点来划分的。目前国内汽车用轻柴油按凝固点分为6个标号：10号柴油、0号柴油、－10号柴油、－20号柴油、－35号柴油和－50号柴油。

（2）柴油的选用

选用柴油标号总的原则是在任何气温下，都要保证柴油的流动供给。

根据车辆使用地区和季节的不同，选用适合季节气温的柴油，是选用柴油的基本依据。一般选用柴油的凝固点应比最低气温低5℃左右，以保证柴油在最低气温时不致凝固而影响使用。

各种柴油的适用范围如下：

①10号轻柴油适合于有供油系统加热设备的高速柴油机及热带地区盛夏季节使用。

②0号轻柴油适合于气温在4℃以上的地区使用，如夏季全国及华南地区。

③－10号轻柴油适合于气温在－5℃以上的较冷地区使用，如冬季我国华中、华东地区。

④－20号轻柴油适合于气温在－14℃以上的寒冷地区使用，如冬季我国华北部分地区。

⑤－35号柴油适合于气温在－29℃以上的严寒地区使用，如冬季我国东北、西北地区。

⑥－50号柴油适合于气温在－44℃以上的高寒地区使用，如内蒙古、黑龙江的北部边疆地区。

（3）柴油使用的注意事项

①保持柴油的清洁，以免损伤喷油泵、喷油器中的精密偶件。柴油在使用之前，要经过长时间的沉淀和过滤，以防机械杂质的混入。在加注时，应保持储油容器和加油工具的清洁。

②可以混用不同标号的柴油。根据不同季节气温适当调配不同标号的柴油掺兑使用，可降低柴油的凝固点，从而提高流动性。但要注意掺兑后的凝固点不是两种标号柴油的平均值，要比两者平均值稍高一些。例如－10号和－20号柴油各一半对掺，掺兑后所得柴油的凝固点不是－15℃，而是高于－15℃，为－15～－14℃。掺兑时要搅拌均匀。

③柴油和汽油不能掺兑使用。汽油的燃点较高，柴油中若掺入汽油，燃烧性能将显著变差，导致起动困难，甚至不能起动。汽油进入气缸会冲刷气缸壁润滑油膜，加速气缸的磨损。

④尽量选用品质好的柴油。选用柴油时，应尽量选用硫含量较小（不大于0.2%、0.5%）的优质或一级柴油，以减少柴油机各精密偶件的腐蚀磨损。

任务四 点火系统维护

知识目标

1. 了解点火系统功用；
2. 了解点火系统组成；
3. 掌握点火系统各元件检查方法；
4. 掌握点火系统维护项目。

能力目标

1. 能够完成点火系统检查操作；
2. 能够完成点火系统维护操作。

任务导入

一辆轿车行驶了 80 000 km，车主最近发现发动机运行时，出现抖动的现象，而且加速无力，于是到维修企业进行检查。维修技师通过检查及与车主交流，发现汽车的点火系统存在故障，需要维护。你知道点火系统维护项目都有哪些吗？如何操作？

知识学习

点火系统

一、点火系统功用

在汽油发动机中，气缸内的可燃混合气是靠高压电火花点燃的，而产生电火花是由点火系统来完成的。现代汽车多采用独立点火方式。

点火系统的功用是：将汽车电源供给的低压电转变为高压电，并按照发动机的做功顺序与点火时刻的要求，适时、准确地将高压电送至各缸的火花塞，使火花塞跳火，点燃气缸内的混合气。

二、点火系统组成

现代汽车发动机点火系统主要由传感器、ECU、点火线圈及火花塞等组成，如图 2 - 22 所示。

三、火花塞

1. 火花塞功用

汽油发动机通过燃料和混合气体的适时燃烧产生动力，但是作为燃料的汽油即使处于高温环境下也很难自燃。在火花塞的中心电极和接地电极之间施加由点火装置所产生的高

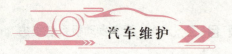

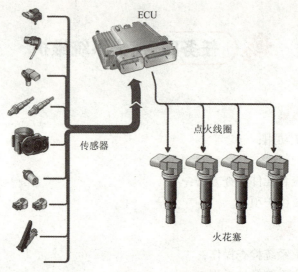

图 2-22 点火系统组成

电压，电极间的绝缘状态被破坏而产生电流，放电生成电火花即可点燃混合气。

2. 火花塞构造

火花塞构造如图 2-23 所示。中心电极用镍铬合金制成，具有良好的耐高温、耐腐蚀性能。中心电极做成两段，中间加有导电玻璃，由于导电玻璃和瓷绝缘体的膨胀系数相近，因此，导电玻璃主要起密封作用。火花塞间隙多为 1.0~1.2 mm。

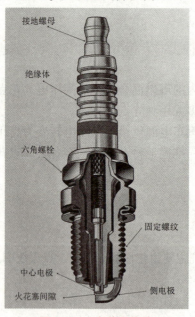

图 2-23 火花塞构造

3. 火花塞维护周期

火花塞实行强制保养，保养周期到了就要强制更换，具体保养里程以保养手册为准。

火花塞的使用寿命取决于火花塞电极的材料。一般情况下，镍合金火花塞更换周期为行驶里程达到 20 000 km，镍钇合金火花塞更换周期为行驶里程达到 30 000 km，单铂金火花塞更换周期为行驶里程达到 40 000 km，双铂金火花塞更换周期为行驶里程达到 60 000 km，铱金火花塞更换周期为行驶里程达到 80 000 km，铂铱合金火花塞更换周期为行驶里程达到 100 000 km。

四、点火线圈

单独点火方式是每一个气缸分配一个点火线圈，点火线圈直接安装在火花塞的顶上，这样还取消了高压线，如图 2-24 所示。这种点火方式通过凸轮轴传感器或通过监测气缸压缩来实现精确点火，它适用于任何缸数的发动机，特别适用每缸 4 气门的发动机。因为火花塞与点火线圈组合可安装在双顶置凸轮轴（DOHC）的中间，充分利用了间隙空间。由于取消分电器和高压线，能量传导损失及漏电损失极小，没有机械磨损，而且各缸的点火线圈和火花塞装配在一起，外用金属包裹，大幅减少了电磁干扰，可以保障发动机 ECU 的正常工作。

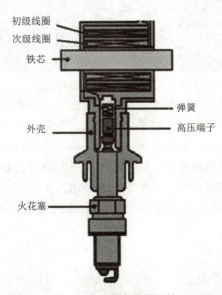

初级线圈
次级线圈
铁芯
弹簧
外壳
高压端子
火花塞

图 2-24　点火线圈结构

五、项目操作

1. 项目操作一：火花塞的拆卸

步骤一：工具准备。拆卸火花塞需要扳手、长接杆和六角套筒。汽车上的火花塞一般用 16 mm（部分轿车也有使用 19 mm 的）的六角套筒拆卸。

步骤二：发动机冷却后方可拆卸。先清理点火线圈及其附近的灰尘和油污，然后拔下点火线圈的线束插头，再用套筒拧下点火线圈的固定螺栓（有些车型没有点火线圈固定螺栓）。

步骤三：拔出点火线圈。一些车型的点火线圈和缸体之间用橡胶密封，拔出时需要用点力。

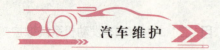

步骤四：取下点火线圈后，用套筒把火花塞拧松。

步骤五：取出火花塞。将之前拆下来的点火线圈插入已拧松的火花塞上，将火花塞取出，按序摆放，方便下一步检查工作状况以及评估各个气缸的工作状况。也可使用专用火花塞拆装工具或带磁性的套筒，在拆卸火花塞时把旋出的火花塞带出。如果没有带磁性的套筒，在套筒内塞一段较厚的双面胶，也能够把旋出的火花塞带出。

2. 项目操作二：火花塞的检查

火花塞的检查部位如图 2-25 所示，具体检查步骤如下所述。

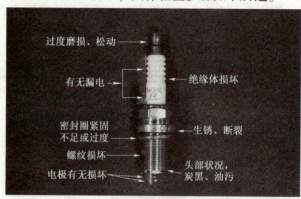

图 2-25　火花塞的检查部位

步骤一：检查火花塞螺纹，如果火花塞螺纹有损坏，需更换新的火花塞。

步骤二：检查火花塞陶瓷部分，如果出现裂纹、损坏，需更换新的火花塞。

步骤三：检查火花塞外观，如有破损、明显缺陷，应更换新的火花塞。

火花塞上如有积炭、黑色油迹等，应用清洗剂进行清理，必要时更换新的火花塞。

步骤四：检查火花塞电极部分，如图 2-26 所示。火花塞电极部分有积炭、在火花塞上发现熏黑、形成釉层等其他不正常现象，应用清洗剂进行清理，必要时更换新的火花塞。

图 2-26　火花塞电极情况

步骤五：检查火花塞电极间隙。火花塞电极间隙因车型而异，可以从保养手册中查找。火花塞电极间隙过小，火花塞跳火能量变弱，电极容易烧蚀；火花塞电极间隙过大，发动机高速运转时易出现断火。

如图 2 - 27 所示，使用火花塞间隙规（也可用塞尺）测量电极间隙。

图 2 - 27　火花塞电极间隙的测量

步骤六：调整火花塞电极间隙。如果火花塞电极间隙不符合要求，应进行调整。调整间隙时，只能调整侧电极，不能调整中心电极，以免损坏绝缘体。

火花塞间隙太大时，可用旋具柄轻轻敲打侧电极来调整，但不要用力过大，否则侧电极可能因过度弯曲而损坏；如果间隙过小，可用一字螺丝刀插入电极间扳动，把间隙调整到规定值。

3. 项目操作三：火花塞的安装

步骤一：安装火花塞时，先将火花塞放到套筒里。

步骤二：将火花塞对准缸盖上的火花塞座孔（注意不要将火花塞电极与发动机缸盖磕碰，以免损坏火花塞电极），用手轻轻旋入火花塞。

步骤三：拧到约螺纹全长的二分之一后，再用套筒初步旋紧。

步骤四：使用扭力扳手紧固火花塞至规定力矩。不同车型对于火花塞扭紧力矩规定可能不同。

步骤五：拧紧火花塞时，注意套筒及扭力扳手要对正火花塞，同时注意拧紧力矩不能过大，防止损坏火花塞及缸盖火花塞座孔的螺纹。

步骤六：若拧动时手感不畅，应退出，检查是否对正螺口，或螺纹中有无夹带杂质，切不可盲目加力紧固，以免损伤螺孔，甚至损坏缸盖（现在多数轿车为铝合金缸盖）。

步骤七：按要求力矩拧紧，过松会造成漏气，过紧会使密封垫失去弹性，同样会造成漏气。锥座型火花塞由于不用密封垫，一定要按规定力矩拧紧。

在安装点火线圈时，注意不要把顺序弄错，须按每个缸原来的位置对应安装。

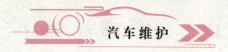

4. 项目操作四：点火线圈检查

点火系统维护

步骤一：检查点火线圈线束插接器有无松动，断开点火线圈线束插接器，针脚有无锈蚀。

步骤二：拆卸点火线圈。有些车型点火线圈有螺栓固定，需要将紧固螺栓拆下。

步骤三：使用点火线圈拆卸专用工具取下点火线圈（如果没有专用工具，可以采用一字螺丝刀轻轻撬起）。

步骤四：检查点火线圈外壳有无损坏，如有损坏，需更换。

步骤五：按拆卸相反顺序安装点火线圈，连接线束插接器，起动发动机，检查车辆工作状况。

项目三
底盘系统维护

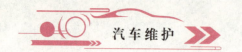

任务一 传动系维护

汽车底盘由传动系、行驶系、转向系和制动系等四大系统组成，其功用为接受发动机的动力，使汽车运动，并保证汽车能够按照驾驶员的操纵正常行驶。

知识目标

1. 了解传动系功用；
2. 掌握传动系组成；
3. 掌握传动系各元件功用；
4. 掌握传动系维护项目。

能力目标

1. 能够完成传动系检查操作；
2. 能够完成传动系维护操作。

任务导入

一辆汽车行驶了 80 000 km，车主最近发现汽车在换挡过程中出现了顿挫感，于是将汽车送到维修企业检查。维修技师通过检查以及与车主的交流，认定汽车的传动系出现了问题，需要系统维护。你知道传动系维护项目都有哪些吗？如何操作？

知识学习

汽车传动系是从发动机到驱动车轮之间所有动力传递装置的总称。

底盘系统的组成与功用

一、传动系功用

传动系的功用是将发动机的动力传给驱动车轮。

传动系统功用与组成

二、传动系组成

传动系一般由离合器（自动挡车无此机构）、传动桥（变速器）、万向传动装置（传动轴、万向节）、驱动桥等组成，如图 3 - 1 所示。

发动机　变速器　传动轴　后差速器　半轴

图 3 - 1　传动系结构

三、离合器

1. 离合器功用

①使发动机与传动系逐渐接合，保证汽车平稳起步。
②暂时切断发动机的动力传动，保证变速器换挡平顺。
③限制所传递的转矩，防止传动系过载。

2. 离合器结构

离合器由主动部分、从动部分、压紧机构和操纵机构四部分组成。离合器主要部件如图 3 - 2 所示。

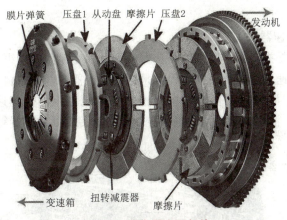

图 3 - 2　离合器主要部件

3. 离合器自由间隙

在离合器膜片弹簧（或分离杠杆）内端与分离轴承之间预留了一定的间隙，一般为几毫米，这个间隙称为离合器自由间隙。

4. 离合器踏板行程

离合器踏板行程（高度）包括自由行程和有效行程，自由行程可以保证离合器分离彻底，有效行程可以调整离合器接合点的高低。离合器踏板行程示意图如图 3 - 3 所示。

四、变速器

变速器的功用：实现变速、变矩；实现倒车；中断动力传动。

1. 手动变速器

手动变速器主要由变速传动机构和操纵机构两大部分组成，如图 3 - 4 所示。

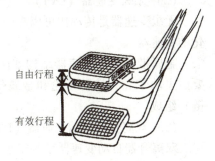

图 3 - 3　离合器踏板行程示意图

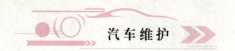

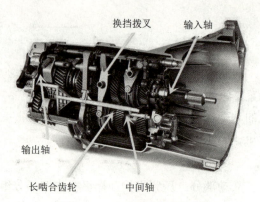

图 3 - 4　手动变速器结构

2. 自动变速器

（1）液力自动变速器（AT）

液力自动变速器是指汽车行驶中使离合器的操纵和变速器的操纵都实现自动化的变速装置。目前，自动变速器的自动换挡过程都是自动变速器的电子控制单元控制的。

如图 3-5 所示，液力自动变速器主要由液力变矩器、机械变速机构（齿轮变速机构）、换挡执行机构、液压控制系统、电子控制系统和冷却滤油装置等组成。

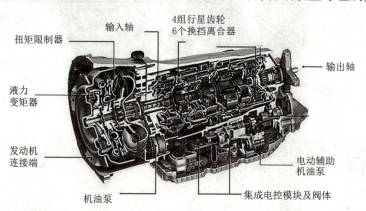

图 3 - 5　液力自动变速器结构

（2）无级变速器（CVT）

无级变速器是传动比可以在一定范围内连续变化的变速器。

金属带式无级变速器结构如图 3 - 6 所示，主要由主动带轮、从动带轮和金属传动带（或传动链）组成。

（3）双离合器自动变速器（DSG）

双离合器自动变速器是基于手动变速器发展而来的，并且综合了手动变速器与自动变速器的优点。双离合器自动变速器也称直接换挡变速器，如图 3 -7 所示，它有两根输入轴，挡位按奇偶数分

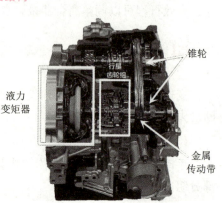

图 3 - 6　金属带式无极变速器结构

开布置在两根输入轴上；有两个离合器进行换挡控制，如图 3 – 8 所示，离合器的切换和挡位变换由控制单元和执行机构自动控制。

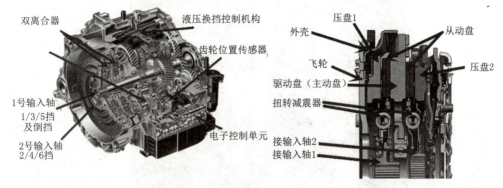

图 3 – 7　双离合变速器结构　　　图 3 – 8　双离合器结构

五、项目操作

离合器系统检查与维护

1. 项目操作一：离合器的维护

离合器的维护检查主要包括离合器踏板自由行程检查、离合器踏板工作情况检查、离合器储液罐液面高度检查等。

（1）离合器踏板自由行程检查

步骤一：关闭发动机，将一个直尺抵在驾驶室地板上。

步骤二：测量离合器踏板完全放松时的高度。

步骤三：用手轻按离合器踏板，当感到阻力增大时停住，再测量离合器踏板高度。

步骤二和步骤三两次测量的高度差即为离合器踏板的自由行程。

（2）离合器踏板工作状况检查

步骤一：总泵液体渗漏检查。检查离合器总泵，以便确保液体无渗漏。

步骤二：踏板工作状况检查。踩下离合器踏板时，不应该存在回弹无力、异常噪声、过度松动和感觉踏板沉重的状况。

（3）离合器储液罐液面高度检查

步骤一：现代车辆的离合器多采用液压传动，检查离合器主缸储液罐（大多与制动液储液罐共用）内离合器液（制动液）液面的高度。

步骤二：如果低于最低液面的标记，则应补加，并要进一步检查离合器液压操纵机构是否有泄漏的部位。

（4）离合器踏板自由行程的调整

如果离合器踏板自由行程不符合规定值，应进行调整。一般用液压式操纵机构调整主缸推杆的长度。

步骤一：用开口扳手将主缸推杆锁紧螺母旋松，如图 3 –9 所示。

图3－9　旋松主缸推杆锁紧螺母

步骤二：转动主缸推杆，调整主缸推杆长度，从而调整踏板自由行程。主缸推杆变短，则离合踏板行程变小；主缸推杆变长，则离合踏板行程变大。

步骤三：调整完毕后，将锁紧螺母旋紧。再次检查离合器自由行程，是否符合标准。

注意：一次调整量不宜过多，不合适可反复多次进行调整。有些车辆的操纵机构具有自调装置，如捷达轿车，可以免除离合器踏板自由行程的调整。

（5）离合器工作情况检查

步骤一：停车，使用驻车制动。

步骤二：起动发动机，使之怠速运转。

步骤三：踩下离合器踏板，将手动变速器挂入1挡或倒挡，检查是否有噪声，是否换挡平稳。如果有，说明离合器分离不彻底。

2. 项目操作二：手动变速器的维护

手动变速器维护的主要内容是手动变速器齿轮油的更换。

手动变速箱维护

（1）基本检查

步骤一：齿轮油渗漏检查。检查手动变速器的壳接触面、轴和拉索伸出的区域、油封、放油塞和加油塞是否漏油。

步骤二：油位检查。从传动桥上拆卸加油塞。将手指插入塞孔，并且检查油与手指接触的位置，如图3－10所示。

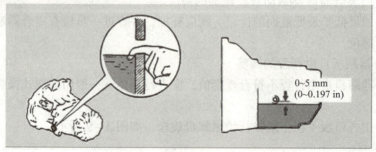

图3－10　手动变速器油位检查

（2）油液更换

①放油：

步骤一：将车辆举升到一定高度，将废油回收桶放置在变速器放油孔位置，方便接油。

步骤二：如图3-11所示，拆卸变速器放油塞。先拆卸变速器加油螺栓（防止出现真空，还可以加快放油速度），再拆卸变速器放油塞，对变速器进行放油。

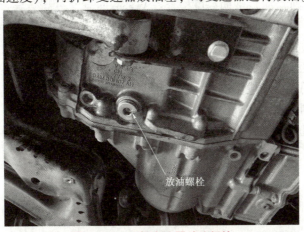

图3-11　拆卸变速器放油螺栓

如果放油螺栓脏污，可用无纺布擦拭或用化油器清洗剂清洗。

步骤三：待旧的齿轮油放干净后，按规定力矩拧紧放油螺栓。

②加油：

步骤一：将符合维修车辆要求、牌号正确的新齿轮油加入加油机中。

步骤二：用手动变速器加油机从变速器加油塞（如图3-12所示）压入新的齿轮油，直至油面与加油孔接近为止（多数车辆要求齿轮油液面低于加油孔5 mm）。如有齿轮油溢出，应及时清理干净。

图3-12　变速器加油塞

步骤三：安装加油螺栓，扭紧至规定力矩。

步骤四：降下车辆，起动发动机，变换几次变速器的不同挡位，然后再升起车辆，检查变速器是否渗漏（放油塞）。如有渗漏，应及时维修。

步骤五：无渗漏，降下车辆，手动变速器齿轮油更换完毕。

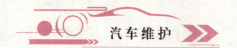
3. 项目操作三：自动变速器的维护

（1）自动变速器油液面高度检查

自动变速器维护

在进行自动变速器维护前，需要对自动变速器进行泄漏检查，检查变速器的壳接触面、轴和拉索伸出的区域、油封和放油塞等部位是否漏油。

①液力自动变速器的维护：

a. ATF（自动变速器油）液面高度检查：ATF 液面高度过高会导致主油压过高，从而出现换挡冲击震动、换挡提前等故障，还会导致空气进入 ATF。如果 ATF 液面高度过低，则又会导致主油压过低，从而出现换挡滞后、离合器和制动器打滑等故障。

b. ATF 液面高度检查的具体方法如下：

步骤一：使发动机冷却液温度和 ATF 温度达到正常工作范围。

步骤二：将车辆停在水平地面，并可靠驻车。

步骤三：发动机怠速运转，缓慢将变速杆由 P 位切换至各挡位，再退回 P 位。使 ATF 温度达到 70～80℃，如图 3－13 所示。

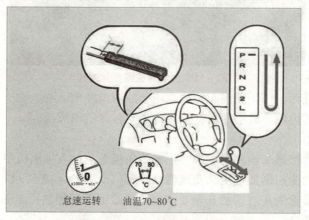

图 3－13　ATF 液面高度检查

步骤四：拉出变速器油尺，并将其擦拭干净。

步骤五：将油尺全部插回套管。

步骤六：再将油尺拉出，检查油面是否在 HOT 范围内，如图 3－14 所示。如果不在 HOT 范围内，应加油。

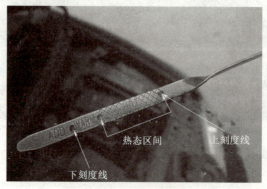

图 3－14　自动变速器油尺

②ATF 质量检查。ATF 质量的好坏主要从以下几个方面进行识别：

a. 颜色：正常颜色为鲜亮、透明的红色，如果发黑，则说明已经变质或有杂质；如果呈粉红色或白色，则说明油冷却器进水。

b. 气味：正常的 ATF 没有气味，如果有焦煳味，说明 ATF 过热，有摩擦材料烧蚀。

c. 杂质：如果 ATF 中有金属屑，说明有元件严重磨损或损伤；如果 ATF 中有胶质状油，说明 ATF 因温度过高或使用时间过长而变质。

检查 ATF 质量时，从油尺上闻一闻油液的气味；在手指上点少许油液，用手指互相摩擦看是否有颗粒；将油尺上的油液滴在干净的白纸上，检查油液的颜色及气味。

③ATF 更换。ATF 要按维修要求进行定期更换，更换的周期因车型而异，一般车辆行驶 2 万 ~4 万 km 或 24 个月进行一次更换，具体方法如下：

步骤一：拆下放油塞，将 ATF 排放到容器中。

步骤二：排放完后将放油塞紧固上。

步骤三：发动机熄火，通过加油管加入新油。由于自动变速器套管较细，可以使用漏斗辅助添加，如图 3 – 15 所示。

图 3 –15　ATF 加注

步骤四：起动发动机，将变速杆由 P 位换至 L 位，再退回 P 位，检查油位，应在 HOT 范围内。

步骤五：在正常温度（70 ~80℃）时检查油位，必要时加油。

ATF 要按照汽车生产厂的推荐选择。

（2）无级变速器的维护

①ATF 油位检查。ATF 油位检查的前提条件如下：

a. 变速器不允许处于紧急运转状态。

b. 车辆必须处于水平位置。

c. 连接故障诊断仪（例如 VAS5051），然后选择车辆自诊断和车辆系统"02 – 变速器电气设备"。

d. 必须关掉空调和暖风。

e. 开始检查前，ATF 的温度不允许超过 30 ℃，必要时先冷却变速器。

ATF 油位检查的具体方法如下：

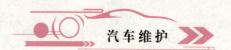

步骤一：在故障诊断仪 VAS5051 上读取 ATF 温度，ATF 温度在 30~35 ℃时进行操作。

步骤二：发动机处于怠速运转，踩下制动器，在所有挡位（P、R、N、D）上停留一遍，并且在每一个位置上发动机怠速运转约 2 s，最后将变速杆置于 P 位。

步骤三：举升车辆，拧下变速器壳体上的检查螺栓，检查有无 ATF 从检查孔溢出，如果没有，需加注 ATF，直到 ATF 从检查孔溢出为止。

②ATF 更换：

步骤一：打开变速器底部的放油塞，将旧的 ATF 排出，然后再拧紧放油塞。

步骤二：将变速器底部的 ATF 加油塞拆下来，用 ATF 专用加注器将新的 ATF 加入变速器内部。

步骤三：检查 ATF 液面高度，直到符合标准为止。

（3）双离合器自动变速器的维护

①ATF 油位检查。ATF 油位检查的前提条件如下：

a. 变速器不允许处于运转状态。

b. 车辆必须处于水平位置。

c. 连接故障诊断仪（例如 VAS5051）。

d. 发动机必须处于怠速运转，必须关掉空调和暖风。

e. 开始检查前，ATF 的温度不允许超过 30 ℃。

ATF 油位检查的方法如下：

步骤一：用故障诊断仪 VAS5051 读取 ATF 温度，注意 ATF 温度在 30~35 ℃时进行操作。

步骤二：起动发动机，使发动机处于怠速运转状态。

步骤三：踩下制动器，在所有挡位（P、R、N、D）上停留一遍，并且在每一个位置上发动机怠速运转约 2 s，最后将变速杆置于 P 位。

步骤四：检查是否有 ATF 从油位高度检查孔溢出，如果没有，应添加 ATF。

②ATF 更换：

步骤一：将发动机熄火，将接油容器放到变速器下面。

步骤二：拧下滤清器壳体，取下前轻轻敲击壳体，以使壳体内的油流回变速器，更换滤芯后再拧紧壳体。

步骤三：拧下放油螺栓及放油孔内的溢流管，排放掉旧的 ATF，并拧回溢流管。

步骤四：将 ATF 专用加注器连接到加注口，加注 ATF，并接上故障诊断仪（例如 VAS5051），读取 ATF 温度。

步骤五：起动发动机，踩下制动踏板，试挂所有挡位，每个挡位停留约 2 s，最后将变速杆置于 P 位。

步骤六：当 ATF 温度达到 35~45 ℃时，检查是否有 ATF 从油位高度检查孔流出，当 ATF 开始滴出时，拧上放油螺栓，加注完成。

任务二 制动系维护

知识目标

1. 了解制动系功用；
2. 掌握制动系结构；
3. 掌握制动系维护项目。

能力目标

1. 能够完成制动系检查操作；
2. 能够完成制动系维护操作。

任务导入

一辆行驶了 80 000 km 的 2012 年生产的轿车，车主最近发现刹车过程中经常有金属摩擦的噪声，而且很刺耳，于是将汽车送至维修企业检查。维修技师通过初步检查并与车主交流，认定汽车的制动系需要进行维护。你知道制动系维护项目都有哪些吗？如何操作？

知识学习

一、制动系介绍

制动系统功用与组成

1. 制动系功用

汽车制动系的功用是使汽车减速、停止，并保证可靠驻停。

2. 制动系组成

汽车制动系一般包括行车制动系统和驻车制动系统两套相互独立的制动系统，每套制动系统都包括制动器和制动传动机构。

现代汽车的行车制动系统普遍装有防抱死制动系统（ABS）及驱动防滑控制系统（ASR）。ABS 的作用是：不论车辆在任何情况下制动，即使路面再滑也能保持车辆不抱死，以保持车辆的最大制动力，使车辆的方向保持稳定。ASR 的作用是：在车辆起步加速时控制驱动轮不打滑，以保持最大的驱动力及方向的稳定性。

制动系的基本组成如图 3 - 16 所示。

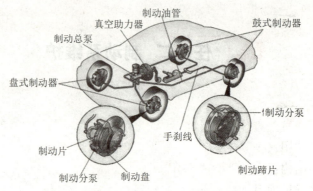

图 3 – 16　制动系的基本组成

二、制动系的主要部件

1. 盘式制动器

盘式制动器根据其固定元件的结构形式可分为钳盘式制动器和全盘式制动器。图 3 – 17 所示为盘式制动器结构，图 3 – 18 所示为盘式制动器的零件分解。

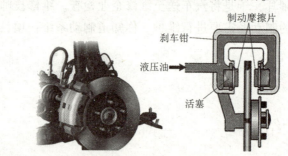

图 3 – 17　盘式制动器结构

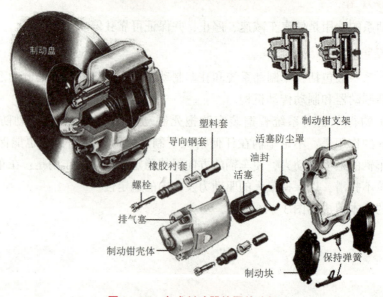

图 3 – 18　盘式制动器的零件分解

钳盘式制动器的固定元件为制动钳，按制动钳固定在支架上的结构形式不同，钳盘式制动器可分为定钳盘式制动器和浮钳盘式制动器。浮钳盘式制动器的制动钳可以相对制动盘进行轴向移动，而定钳盘式制动器的制动钳是固定不动的。

2. 鼓式制动器

鼓式制动器多为内张双蹄式，主要由制动鼓、制动底板、制动蹄、制动轮缸、复位（回位）弹簧以及连接部件所组成，鼓式制动器结构如图 3 - 19 所示。

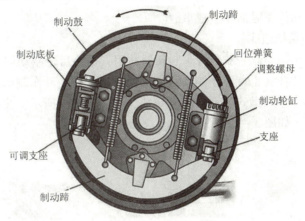

图 3 - 19　鼓式制动器结构

3. 真空助力器

真空助力器的作用是利用发动机的真空（负压）来增加驾驶员施加于踏板上的力。

4. 制动主缸

制动主缸也称制动总泵，它的作用是：将制动踏板机构输入的机械能转换成液压能，推动制动液传输至各个制动轮缸，控制各个车轮制动器。制动主缸和真空助力器如图 3 - 20 所示。

图 3 - 20　制动主缸和真空助力器

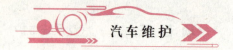

5. 制动轮缸

制动轮缸的功用是将制动主缸输入的液力转变为机械推力。制动轮缸有单活塞和双活塞两种形式，主要由放气螺钉、进油口、防尘罩、顶块等组成。

6. 驻车制动系统

（1）驻车制动系统功用

驻车制动系统的主要部件就是驻车制动器，俗称手刹，功用是在车辆停稳后稳定车辆，避免在斜坡路面停车时溜车造成事故。

（2）驻车制动系统组成

车轮制动式驻车制动器一般与行车制动器共用，是在后轮制动器上增加了一套机械操纵机构，用驻车制动杆（也称驻车制动手柄）控制，主要由驻车制动杆、驻车拉索、鼓式制动器（现代轿车多采用盘式制动器）等组成，如图 3 – 21 所示。按操作方式分为手动操作和脚动操作方式，如图 3 – 22 所示。

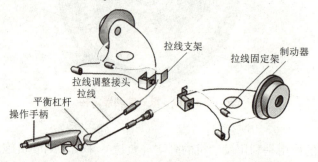

图 3 – 21　驻车制动器结构

图 3 – 22　驻车制动器操作方式

（3）电子驻车制动器

电子驻车制动器也称电子手刹，配合相关的电控单元及机构，可以在适当的时候使车辆制动和驻停。

图 3 – 23 所示为盘式（卡钳式）电子驻车制动器组成。驱动部件由电动机、传动带、减速齿轮机构、芯轴螺杆以及制动活塞组成。整个电子驻车制动器的执行部件均位于后轮盘式制动器的钳体上，信号通过导线传导。

刹车卡钳
电动机
减速齿轮机构

图 3 – 23　盘式电子驻车制动器组成

三、项目操作

1. 项目操作一：制动液液位的检查

目视检查制动液液位。制动液液位（多数车辆的制动液液位与离合器液位共用一个）应在储液罐标注的最低与最高液位线之间，如果制动液液位低于最低液位线，应及时添加制动液至最高液位线。

在车辆使用过程中，如果当制动液液位报警灯点亮时，应及时添加制动液至最高液位线。

当制动液快速减少时，应检查制动系是否有泄漏。

2. 项目操作二：制动踏板性能检查

步骤一：踩下制动踏板，踏板应反应灵敏、能完全落下、无异常噪声、无过度松动。

步骤二：踏板高度测量。使用一把直尺测量制动踏板高度，如图 3 – 24 所示。如果超出规定范围，调整踏板高度。

制动踏板
检查与维护

调节点
锁止螺母
推杆

图 3 – 24　踏板高度测量

注意：测量从地面到制动踏板上表面的距离。如果必须要从地毯表面开始测量，则从标准值中扣除地毯的厚度，或者扣除地毯和沥青纸毡的厚度。

步骤三：制动踏板自由行程测量。发动机停止后，踩下制动踏板几次，以便解除制动助力器。然后，使用手指轻轻按压制动踏板并且使用一把直尺测量制动踏板自由行程。

对于配备了液压制动助力器的车辆，至少要踩下制动踏板 40 次。

注意：当用手指轻轻按压制动踏板时，制动踏板的运动在两个阶段发生变化：

第一阶段：U 形夹销和转轴销的松动。

第二阶段：推杆刚好在液压升高之前运动。

第一阶段与第二阶段的总运动即为制动踏板的自由行程。

调整制动踏板的高度时制动踏板的自由行程也会自动调整。

步骤四：踏板行程余量测量。发动机运转和驻车制动器松开时，使用 490 N（50 kgf，110 lbf）踩下制动踏板，然后使用一把直尺测量踏板行程余量，以便检查其是否处于规定的范围内。查看标准值请参阅修理手册。

注意：测量从地面到制动踏板上表面的距离。如果必须要从地毯表面开始测量，则从标准值中扣除地毯的厚度，或者扣除地毯和沥青纸毡的厚度。

3. 项目操作三：助力器状况检查

步骤一：工作状况检查。关闭发动机，踩下制动踏板数次（解除助力）。检查制动踏板高度是否发生变化，正常情况下踏板高度不应发生变化。踩下制动踏板，起动发动机，制动踏板应该有明显下沉，如图 3-25 所示。

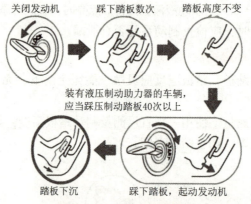

图 3-25　工作状况检查

步骤二：气密性检查。发动机停止 1~2 min 后，踩下制动踏板应一次比一次高，如图 3-26 所示。

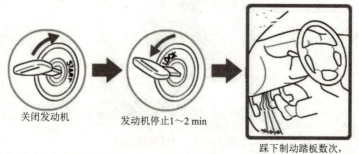

图 3-26　气密性检查

步骤三：真空检查。检查制动助力器室中的真空压力是否有泄漏，如图 3-27 所示。

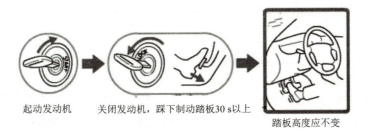

起动发动机　　　关闭发动机，踩下制动踏板30 s以上　　　踏板高度应不变

图 3 – 27　真空检查

注意：对于配备了液压制动助力器的车辆，只检查其工作情况。

4. 项目操作四：驻车制动杆行程的检查与调整

（1）驻车制动杆行程检查

检查并确保驻车制动杆拉动时，切勿踩下制动踏板。驻车制动杆行程在预定的槽数内（拉动时可以听到咔嗒声，一般为 4~7 声，不同车型，请查阅维修手册），如果不符合标准，调整驻车制动杆的行程。同时要检查驻车制动指示灯，在点火开关位于 ON 时检查，以确保当驻车制动杆操作时，在拉动杆到达第一个槽口前，指示灯就已经发光。

注意：当驻车制动杆行程超出规定值，则调整后制动蹄片或驻车制动蹄片的间隙，然后重复检查。必要时重复这个过程，然后调整驻车制动杆行程。

（2）驻车制动杆行程调整

驻车制动杆行程调整前要分清是哪种调整方式，部分车辆的驻车行程调整是在手柄位置，如图 3 – 28 所示，而有的车辆是在拉线接头位置，如图 3 – 29 所示。将锁紧螺母拧松，拧动调整螺母，使制动拉索变长或变短，从而改变驻车制动杆的行程，直到调整到符合规定为止。

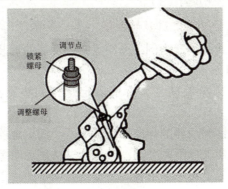

图 3 – 28　手柄位置调整

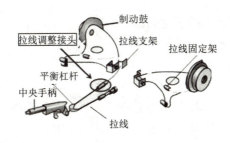

图 3 – 29　拉线位置调整

5. 项目操作五：制动管路检查

步骤一：车辆举升至高位。

步骤二：检查车辆底部制动管路连接处有无渗漏。

步骤三：检查制动管路（金属部分）是否有凹痕或者其他损坏，检查制动管路软管是否扭曲、磨损、开裂、隆起等。

注意：如果保护盖上有飞石的痕迹，制动管路可能有相同的损坏。

步骤四：检查安装状况。检查制动管路和软管，确保车辆运动时，或者方向盘完全转动到任何一侧时，不会因为振动而与车轮或者车身接触，如图 3－30 所示。

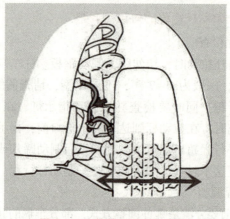

图 3－30　软管安装状况检查

注意：用手转动轮胎直到方向盘被完全转向一侧，进行此步操作前，要确保方向盘不被锁死（可以将车钥匙插在钥匙孔内）。

6. 项目操作六：盘式制动器的拆装与检查

以卡罗拉轿车前轮盘式制动器为例，介绍盘式制动器的拆装与检查方法。

（1）盘式制动器拆卸

步骤一：拆卸前轮，排净制动液，拆下固定螺钉和垫圈，并从制动钳上拆下制动油管。

步骤二：用扳手固定住制动器的导向销，拆下两个固定螺栓和制动钳。

步骤三：从制动钳支架上拆下两个制动摩擦片，从制动摩擦片上拆下 4 个消声垫片。

步骤四：从制动钳支架上拆下上下各两个盘式制动摩擦片支撑板。

各制动摩擦片支撑板的形状均不相同，拆卸时应在各制动摩擦片支撑板上做好识别标记，以便将其安装至各自的原位。

步骤五：从制动钳支架上拆下制动器导向销。

步骤六：用旋具从导向销上拆下制动缸滑套和防尘罩。

步骤七：拆卸制动钳支架。

步骤八：拆卸制动盘。

使用旋具之前，应先在旋具头部缠上胶带，防止损坏元件。

在制动盘和车桥轮毂上做安装标记，如图 3－31 所示。

安装标记

图 3-31　做安装标记

盘式制动器检查与维护

（2）盘式制动器检查

步骤一：目视检查制动摩擦片状况有无损坏，内外两侧摩擦片厚度有无明显偏差。使用一把直尺（也可使用游标卡尺深度测量）测量外制动器摩擦片的厚度（一般测量时不算背板厚度），测量部位不能少于 6 个（摩擦片两侧各 3 个），取最小值。测量值小于规定值时，应及时更换摩擦片。

步骤二：检查制动盘上是否有刻痕、不均匀或者异常磨损以及裂纹和其他损坏。

步骤三：测量盘式转子的厚度。使用一个千分尺测量制动盘厚度（注意：读数时，不要将千分尺取下，以防损坏测微计；测量部位不能少于 6 个，取最小值），如图 3-32 所示。测量厚度小于等于规定厚度时，应及时更换盘式转子。

步骤四：测量制动盘跳动。使用轮毂螺母临时固定制动盘（螺母要扭紧至规定力矩）。测量制动盘跳动以前，检查前轮毂轴承的游隙是否在规定的范围以内。使用一个百分表测量制动盘跳动（缓慢匀速转动制动盘）。跳动量大于规定值时，建议维修或更换制动盘。

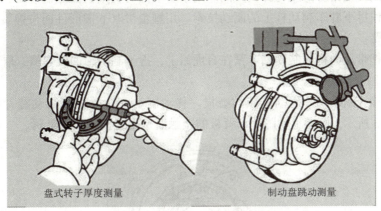

盘式转子厚度测量　　　　　　　　　　制动盘跳动测量

图 3-32　制动盘测量

（2）盘式制动器安装

步骤一：安装制动盘。对准制动盘和车桥轮毂的安装标记，安装制动盘。

步骤二：安装制动钳支架。用两个固定螺栓将制动钳支架安装至转向节。

步骤三：安装防尘罩。在两个新的防尘罩上涂抹润滑脂，将其安装至制动钳支架上。

步骤四：安装制动缸滑套。在新的制动缸滑套上涂抹润滑脂，将其安装至导向销上。

步骤五：安装导向销。在导向销上涂润滑脂，将导向销安装至制动钳支架上。

步骤六：安装制动摩擦片支撑板。将 4 个制动摩擦片支撑板安装至制动钳支架上，确保每个制动摩擦片支撑板都安装在正确的位置和方向上。

汽车维护

步骤七：安装4个消声垫片，在两个与制动摩擦片直接接触的消声垫片外侧涂抹润滑脂，确保润滑脂不要涂到制动摩擦片表面上。更换磨损的制动摩擦片时必须一同更换消声垫片。

步骤八：安装制动摩擦片。将两个盘式制动摩擦片安装至制动钳支架上。制动摩擦片或制动盘的摩擦面上应无油污或润滑脂。

步骤九：安装制动钳。固定盘式制动器导向销，并用两个螺栓将制动钳安装至制动钳支架上，螺栓拧紧力矩为34 N·m。

步骤十：连接制动油管。用固定螺钉和新垫圈将制动油管连接至制动钳上，螺栓拧紧力矩至规定力矩。

步骤十一：对制动管路进行放气，检查制动液是否泄漏，检查制动液液位是否符合标准。

7. 项目操作七：鼓式制动器的拆装与检查

以桑塔纳2000轿车后轮鼓式制动器为例，介绍鼓式制动器的拆装与检查方法。

（1）鼓式制动器的拆卸

步骤一：用千斤顶或举升机将车支起，并定位好。拧松车轮螺栓、螺母（力矩为110 N·m），取下车轮。用工具卸下轮毂盖，取下开口销和开槽垫圈，旋下调整螺母，取出止推垫圈。

步骤二：用螺钉旋具通过制动鼓螺孔向上拨动楔形块，增大制动蹄与制动鼓的间隙，使制动蹄与制动鼓分开，取下制动鼓。

步骤三：用鲤鱼钳拆下压力弹簧座圈。用手从下面的支架上提起制动蹄，取出下回位弹簧。用尖嘴钳拆下驻车制动杆上的制动拉索。用鲤鱼钳取下楔形件回位弹簧和上回位弹簧，卸下制动蹄。

步骤四：把带压力杆的制动蹄卡紧在台虎钳上，拆下制动蹄回位弹簧，取下制动蹄。

（2）鼓式制动器检查

步骤一：检查制动蹄片滑动区域的磨损。移动制动蹄片并检查制动蹄片移动是否顺利，如图3-33所示。检查制动蹄片和背板的接触面是否磨损、是否生锈。

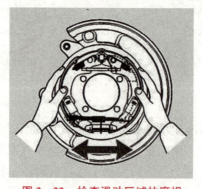

图3-33　检查滑动区域的磨损

鼓式制动器检查与维护

步骤二：检查制动衬片的损坏。检查制动衬片是否有任何碎屑、层离或者其他损坏。

步骤三：检查制动衬片的厚度。使用一把直尺测量制动衬片的厚度，如图3-34所示。如果厚度低于磨损极限，则更换制动蹄片。

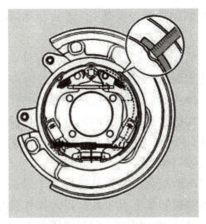

图 3 - 34   制动衬片测量

步骤四：检查后制动鼓是否有磨损或者损坏。

步骤五：测量后制动鼓内径。使用一个制动鼓规或者类似器具测量后制动鼓的内径，如图 3 - 35 所示，测量位置应为制动鼓内部的有效摩擦位置。

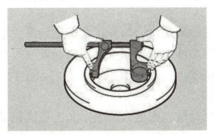

图 3 - 35   测量制动鼓内径

（3）鼓式制动器的安装

步骤一：装上回位弹簧，并将制动蹄装在压力杆上。

步骤二：装上楔形块，凸边朝向制动底板。

步骤三：将另一带有传动臂的制动蹄装在压力杆上。

步骤四：装入上回位弹簧，在传动臂上装上制动拉索。

步骤五：将制动蹄装上制动底板，靠在制动分泵外槽上。

步骤六：装入各种弹簧，包括回位弹簧，并把制动蹄提起装到下面的支架上；安装楔形件回位弹簧；安装压力弹簧和弹簧座圈。

步骤七：装入制动鼓及后轮轴承和螺母，调整后轮轴承预紧度。

步骤八：用力踩一下制动踏板，使制动蹄正确就位，摩擦片与制动鼓的间隙可得到自动调整。

8. 项目操作八：制动液的更换

制动液使用 2 年或 40 000 km 就要强制更换。换制动液的要点是边放旧油边加新油（将新油添加设备一直与制动液油壶相连），始终确保储液罐中的制动液不能低于 MIN 线，目的是防止空气进入刹车系统中。

制动液更换
与排气维护

（1）手动更换制动液

最好由三人配合完成，一个人负责加注新油，一人负责踩制动踏板，一人负责制动液

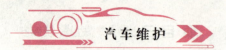

排放（建议佩戴护目镜，防止制动液溅入眼睛）。排放制动液前，建议将制动灯保险丝拔下，以便延长制动灯使用寿命。

步骤一：清理储液罐周围的灰尘，打开储液罐盖，车外人员负责观察制动液液位并加注新油，确认制动液位始终处于 MIN 线上。

步骤二：一人在车下，摘掉放油口上的橡胶防尘帽，将预备的透明软管两端装在分别放油口和废油收集瓶中，之后用扳手逆时针方向松开放油口螺钉，同时车上的人反复踩制动踏板。此时制动液会从放油口喷出，注意制动液储液罐内的液面，要随液面下降添加新制动液。待出油清亮后拧紧放油口螺钉。

步骤三：车上人反复踩刹车踏板到最高点并踩住刹车踏板不要松开，车下人松开放油口螺钉，待制动液喷净后拧紧并通知车上人松开。以上操作反复数次直到放出的制动液中无气泡。注意制动液储液罐内的液面，要随液面下降添加新制动液，否则会有空气进入刹车系统。

步骤四：排完一个车轮再排另一个车轮，重复步骤二和步骤三的操作。

步骤五：为了避免新、旧油混合，换油、放气可以从右后轮开始，再放左后轮，然后右前轮，最后是左前轮。

步骤六：四个车轮更换完成后路试，如发现刹车软、不灵敏，请给制动系排气。

注意：在排放旧油过程中始终要确保储液罐中的制动液不低于 MIN 线，边排放旧油边观察储液罐，当储液罐中的制动液接近 MIN 线时，补加新油到 MAX 线处。

（2）气动工具更换制动液

采用专用气动工具更换制动液，则更为彻底；人工更换制动液则不够彻底，更换量为总量的 2/3 左右。

步骤一：将制动液添加工具安装到制动液液罐上，如图 3 – 36 所示。

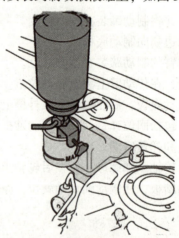

图3 – 36　制动液添加工具

步骤二：把专用扳手放置在制动液放油口螺钉上，轻轻拧松放油口螺钉。

步骤三：将制动液更换工具的出油管与制动液放油口螺钉相连，打开压缩空气。

步骤四：拧松制动液放油口螺钉，使制动液被吸出，直至有新制动液流出，拧紧制动液放油口螺钉。

步骤五：依次排放各车轮制动液，一般按左前轮—左后轮—右后轮—右前轮进行。

提示：某些类型的制动器，比如带有液压制动助力器或者 ABS 的类型，可能要求特殊的操作。

9. 项目操作九：制动系的排气

若制动管路进入空气，会造成制动距离增加，严重可能导致制动失效，因此应对制动管路进行排气。操作过程中，需两个人配合工作。制动系排气前，必须将制动系元件安装到位。

制动管路的排气原则是由远及近，即排气顺序是先排距离制动主缸最远的右后制动轮缸，再分别排左后、右前、左前制动轮缸。

制动管路的排气操作如下：

步骤一：一人（踏板操作人员）在驾驶室内操作制动踏板，另一人（排气操作人员）在车辆下部进行操作。举升车辆至规定高度（可根据车辆下部操作人员便于操作的高度）。

步骤二：向制动主缸的储液罐加注制动液，并保证排气过程中制动液量不得少于储液罐半满状态（液面位于 MIN 线以上）。

步骤三：排气操作人员拆下排气螺钉的防尘帽，把透明导液管接到制动轮缸的排气螺钉上，导液管的另一端插入容器，如图 3 - 37 所示。

步骤四：踏板操作人员踩动几次制动踏板，保持制动踏板处于工作状态不动，使总泵和储液罐中的制动液部分进入制动管路，拧松排气螺钉1/3 ~ 1/2 圈，使部分制动液流入收集容器。

步骤五：踏板操作人员反复踩动制动踏板，直到透明导液管流出的制动液无任何气泡为止，最后排气操作人员将排气螺钉扭紧至规定力矩。排气操作人员扭紧排气螺钉后，踏板操作人员方可抬起踏板。

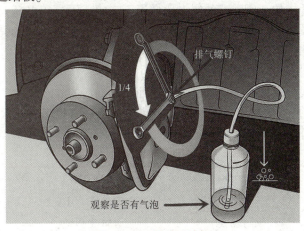

图 3 - 37　制动系放气

提示：在排气过程中，要随时加注制动液，使储液罐中的制动液量保持在 MIN 线以上，以防止空气进入制动主缸。

步骤六：取下制动液导液管，安装排气螺钉防尘帽。

步骤七：继续向储液罐里加注制动液，并使液位达到储液罐的 MAX 线；但不宜超过该线，以免制动液溢出，腐蚀车体零件。

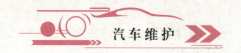

四、知识拓展——制动液

1. 制动液的分类

汽车制动液是汽车制动系中传递能量的一种功能液,要求它在各种气候条件下都能保持良好的性能,其质量优劣直接关系到汽车行驶安全。我国制动液从其发展历程分为醇型、矿油型和合成型三种类型。其中,醇型与矿油型已经淘汰,目前市场上供应的制动液均为合成型。

合成型制动液为人工合成,以聚醚、水溶性聚酯和硅油等为主体,加入润滑剂和添加剂组成。其使用性能良好,工作温度可达200℃以上。合成型制动液对橡胶和金属的腐蚀作用均很小,适合于高速、大功率、重负荷和制动频繁的汽车使用,因此成为目前使用最多最广的一种制动液。合成型制动液分为醇醚型、酯型和硅油型三大类型,但使用最多的是醇醚型和酯型。

(1)醇醚型(常见于DOT3)

醇醚型的化学成分为低聚乙二醇或丙二醇。低聚乙二醇或丙二醇具有较强的亲水性,所以在使用或贮存的过程中其含水量会逐渐增高。由于制动液的沸点会随着水分含量的增高而降低,因此其制动性能会随之下降。

注意:当发现需要用力踩制动踏板才能制动时,则很可能是制动液的水分含量过高,此时应及时更换。

(2)酯型(常见于DOT4)

酯型是在醇醚型的基础上添加大量的硼酸酯,硼酸酯是由低聚乙二醇或丙二醇通过和硼酸的酯化反应而合成的。硼酸酯的沸点比低聚乙二醇或丙二醇更高,所以其制动性能更好。硼酸酯还具有较强的抗湿能力,它能分解所吸收的水分,从而减缓了由于吸水而导致的沸点下降。所以酯型制动液的性能比醇醚型的更好,价格也更高。

(3)硅油型(常见于DOT5)

硅油型的化学成分为聚二甲基硅氧烷。硅油型制动液的沸点在三类制动液中是最高的(如表3-1所示),所以价格也最贵。聚二甲基硅氧烷具有很强的疏水性,因此硅油型制动液几乎不吸收水分。

表3-1 制动液性能指标(沸点)

工作情况	DOT3	DOT4	DOT5
干	205℃以上	230℃以上	260℃以上
湿	140℃以上	155℃以上	180℃以上

特别提醒:硅油型制动液对水分有极强的排斥能力,使进入制动管路内的水分不能与制动液混溶,而以水的形态存在。相对制动液而言,水的沸点极低,故在车辆紧急制动或频繁制动时,不混溶的水分容易沸腾而导致制动性能急剧下降。硅油型制动液的应用范围较窄,应谨慎选用。

2. 制动液的常见标准和规格

（1）SAE 标准

美国汽车工程师协会在其 2004 年 SAE J 系列标准中，将制动液分为 J1703、J1704 和 J1705 三级。

（2）DOT 标准

美国联邦政府运输部（DOT）在其 2004 年标准中，将制动液分为 DOT3、DOT4、DOT5 和 DOT5.1 四级。

（3）JISK 标准

日本 1964 年制定了制动液的标准（Japan Industrial Standard），2006 年 JISK 2233 将制动液分为 BF－3、BF－4、BF－5 和 BF－6 四级。

（4）ISO 标准

国际标准化组织（ISO）在其 2005 年修订版标准中将制动液分为 Class3、Class4、Class5 和 Class6 四级。

（5）中国标准

GB 1298l—2012《机动车辆制动液》中，将合成型制动液分为 HZY3、HZY4、HZY5 和 HZY6 四级。

表 3－2 为国内外常见制动液标准的对照表，维护保养车辆时可参照使用。

表 3－2 制动液标准对照表

JISK 2233：2006	BF－3	BF－4	BF－5	BF－6
FMVSS N0.116：DOT 1：2002	DOT3	DOT4	DOT5.1	—	—
SAE J1703：Jun 2003	J1703	—	—	—
ISO 4925：2005	Class3	Class4	—	Class5	—	Class6
GB 12981—2012	HZY3	HZY4	HZY5	—	—

特别提醒：市场上的杂牌产品大多采用价格便宜的甲醇原料，尤其兑水生产的制动液沸点远远达不到国标要求。劣质制动液会导致制动系内的金属锈蚀，制动主缸和轮缸的皮碗软化、破裂，极易导致制动失灵，严重威胁行车安全，应严禁使用。

3. 制动液使用的注意事项

（1）不能混合使用制动液

各种制动液绝对不能混用，否则会因分层而失去制动作用。

（2）应保持制动液的清洁

加注或更换制动液时要注意清洁，制动液须经过过滤，不允许细微杂质混入制动系。

（3）应防止制动液的吸潮

存放制动液的容器要密封好，防止水分混入和吸收水汽使沸点降低；更换下来和未密封好的制动液不能继续使用。

（4）应定期更换制动液

由于醇醚类制动液有一定的吸水性，在一般情况下，制动液应在使用一两年后进行更换，以防制动液吸潮后影响制动性能。更换制动液应在每年雨季过后进行。

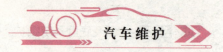

（5）注意检查制动液的温度

在山区下长坡连续使用液压制动，或在高温地区长期频繁制动时，制动蹄片温度可达350～400 ℃，使制动液温度随之升高达到150～170 ℃，此时，已超过一般合成型制动液的沸点。因此，要注意检查制动液温度，以防因气阻发生交通事故。

（6）注意对液压制动系的保护

防止矿物油混入使用醇型和合成型制动液的制动系。使用矿物油制动液，制动系应换用耐油橡胶件；使用醇型制动液前，应检查是否有沉淀，如有沉淀应过滤后再使用。

任务三 转向系维护

1. 了解转向系功用；
2. 掌握转向系组成；
3. 了解转向系类型；
4. 掌握转向系维护项目。

能力目标

1. 能够完成转向系检查操作；
2. 能够完成转向系维护操作。

任务导入

一辆行驶了 40 000 km 的轿车，车主发现汽车打转向盘时，经常有噪声，于是将汽车送至维修企业检查。维修技师通过初步检查，认定汽车的转向系出现了问题，需要系统维护。你知道汽车转向系维护项目都有哪些吗？如何操作？

知识学习

一、转向系功用

转向系的功用是保证汽车能够按照驾驶员选定的方向行驶。

转向系统功用与组成

二、转向系组成

转向系主要由转向操纵机构（包括转向盘、转向轴等）、转向器和转向传动机构（包括转向横拉杆、转向节臂、转向节、转向轮等）组成。现代汽车普遍采用动力转向装置，电子控制动力转向系统（EPS）的应用也越来越广泛。

三、转向系类型

汽车转向系按转向动力源的不同分为机械转向系和动力转向系两大类。动力转向系又可以分为液压式、气压式和电动式（现代轿车多采用此类方式）3 种。

1. 机械转向系

机械转向系以驾驶员的体力作为转向动力源，系统的所有传动件都是机械的，没有助力装置，如图 3 - 38 所示。

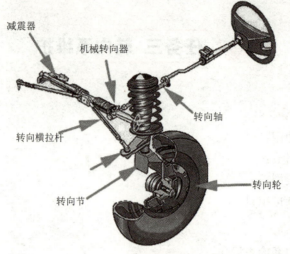

图 3 - 38　机械转向系组成

2. 动力转向系

动力转向系兼用驾驶员体力和发动机（或电动机）的动力作为转向动力源。动力转向系是在机械转向系的基础上加设一套转向助力装置而形成的。现代轿车主要有液压助力和电动助力形式，其组成如图 3 - 39 所示。

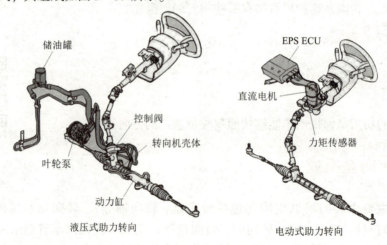

图 3 - 39　动力转向系组成

四、转向盘的自由行程

转向系各传动件间都会有一定的装配间隙，这些间隙还会随着零件的磨损而增大，反映到转向盘上就会产生一定的空转角度，这种转向盘在空转阶段的角行程称为转向盘的自由行程。也就是说，在一定的范围内转动转向盘时，转向节并不马上同步转动，而是在消除这些间隙并克服各传动件的弹性变形后才做相应的转动，即转向盘有一空转过程。

转向盘自由行程对于缓和路面冲击及避免驾驶员过于紧张是有利的，但过大的自由行程会影响转向灵敏性。所以汽车维护中应定期检查转向盘自由行程。一般轿车转向盘的自由行程应不超过 10°～15°（如图 3-40 所示），否则应进行调整。可通过调整转向器传动副的啮合间隙来调整转向盘的自由行程。

五、项目操作

转向系统检查与维护

1. 项目操作一：方向盘基本检查

（1）方向盘自由行程检查

在配备动力转向系的车辆上，起动发动机，使车辆笔直向前。轻轻移动方向盘，在车轮就要开始移动时，使用一把直尺测量方向盘的移动量（自由行程），如图 3-41 所示。大部分车辆的方向盘自由行程范围为 10～15 mm，如果超出范围，则需调整或维修。

2. 方向盘摆动量及锁止情况的检查

步骤一：方向盘摆动量检查。用两手握住方向盘，轴向地、垂直地或者向两侧移动方向盘，确保其没有松动或者摆动，如图 3-42 所示。

步骤二：方向盘锁止情况检查。将点火开关打到 ACC 挡，左右反复转动方向盘，确保方向盘没有被锁止的情况。

步骤三：关闭点火开关，拔出钥匙，左右转动方向盘，如果方向盘转动很小的位置，此时应该锁止，以保证方向盘无法转动；如果无法锁止，说明转向盘机械锁止功能损坏，建议更换。

3. 方向盘调整位置检查

在方向盘下方能找到方向盘位置锁的扳手，松开扳手后，方向盘就可以前后上下调节，一旦调节到位后，压下扳手，方向盘就被锁定了，如图 3-43 所示。或者在汽车方向盘的正下方找到方向盘调节开关，用手拉起方向盘调节开关，手动调整方向盘的高度，调整到合适的位置后往下按下开关即可锁定。

注意：一定要在停车（最好熄火）的状态下调整。通常情况下，应使方向盘的最上沿高度与驾驶员的肩膀高度相差不多，当然也可以通过调节座椅高度来实现，方向盘和座椅调节的程度要既兼顾驾驶员乘坐舒适，同时也要方便驾驶。

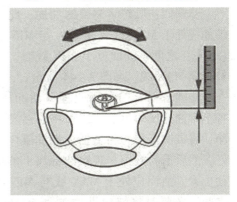

图 3-40 方向盘自由行程示意图

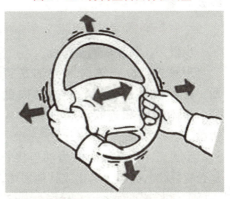

图 3-41 方向盘自由行程测量

图 3-42 方向盘摆动量检查

方向盘调整扳手
有些车型可以四向调整

图 3-43 方向盘调整扳手

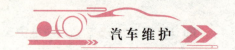

2. 项目操作二：转向助力油储油罐油面高度检查

步骤一：将车辆停放在平坦的地面上，使前轮处于直行位置。

步骤二：起动发动机，并使其达到正常的工作温度。

步骤三：使发动机怠速运转大约 2 min，左、右打几次转向盘，使转向助力油温度达到 40 ~ 80 ℃，关闭发动机。

步骤四：观察储油罐的油面，此时油面应处于 MAX 线（上限）与 MIN 线（下限）之间，油面低于 MIN 线时，应补加至 MAX 线，如图 3 - 44 所示。

转向助力油上下限

图 3 - 44 转向助力油储油罐油面高度检查

步骤五：有些车辆配置了油标尺，拧下带油标尺的封盖，用布将油标尺擦净，将带油标尺的封盖插入储油罐内拧好，然后重新拧出，观察油标尺上的油面位置，油面应处于 MAX 线与 MIN 线之间，必要时将转向助力油加至 MAX 线处。

3. 项目操作三：转向助力油渗漏检查

步骤一：举升车辆至高位。

步骤二：检查转向助力油是否渗漏，检查位置包含齿轮箱、转向助力泵、液体管路和连接点，如图 3 - 45 所示。

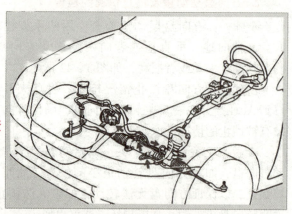

图 3 - 45 渗漏检查位置

步骤三：检查转向助力油连接管路是否有裂纹、凸起、老化或其他损坏。

4. 项目操作四：转向横拉杆总成检查

步骤一：检查转向横拉杆是否松旷。握住拉杆，用力摇晃，检查是否有松旷，如图3 - 46所示。

步骤二：检查转向横拉杆防尘套是否破损。

步骤三：检查转向横拉杆球头油封是否漏油，如图 3 - 47 所示。

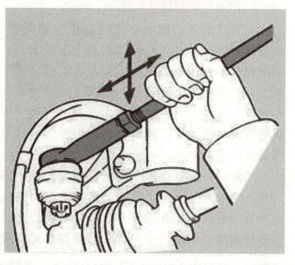

图 3 - 46 转向横拉杆松旷检查

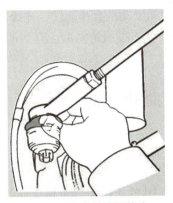

图 3 - 47 油封渗漏检查

步骤四：检查转向横拉杆锁紧螺母是否松动，转向横拉杆锁紧螺母是否扭紧（标准力矩检查）。

步骤五：检查转向横拉杆球头螺母是否松动（标准力矩检查）。

步骤六：检查转向横拉杆总成固定螺栓是否松动（标准力矩检查）。

5. 项目操作五：转向助力油更换

（1）放油

步骤一：支起车辆前部，使两前轮离开地面。

步骤二：拧下转向助力油储油罐盖，拆下转向油泵回油管，将转向助力油放入容器中。

步骤三：发动机怠速运转，在放出转向助力油的同时左右转动转向盘。

还可以采用专用抽油机，将转向助力油抽出。使用抽油机时，也需要使发动机处于运行状态。

（2）加油与排气

步骤一：向转向助力油储油罐内加注符合规定的转向助力油（最好选择原厂转向助力油）。

步骤二：关闭发动机，用支架支起车辆前部，确保车辆安全。连续左、右转动转向盘若干次，将转向系中多余的空气排出。

步骤三：检查转向助力油储油罐油面高度，视需要加至 MAX 线处。如果转向助力油储油罐盖上配有油标尺的，要观看油标尺上的油面高度，如图 3 - 48 所示。

下刻度线

上刻度线

图 3 - 48 储油罐盖上的油标尺标记

步骤四：降下车辆前部，起动发动机怠速运转，连续转动转向盘，注意油面高度的变化，当油面低于标准刻度时就应继续添加转向油，直到油面停留在 MAX 线处，确保储油罐中不再出现气泡。

六、知识拓展——转向助力油

1. 常用的转向助力油

现代汽车的动力转向系采用的大多是液压式助力转向，不同车型的动力转向系的精密程度和使用要求有所差异，因此 OEM（原始设备创造商）对转向助力油的选择和更换周期的规定也有所不同。如过去国内一些中低档车的动力转向系一般用 22 号汽轮机油或 46 号液压油，低温寒带地区则选用 YH－10 号航空液压油、6 号或 8 号液力传动油。现在新型或高档车型多选用 ATF 或合成型液力传动油，这些油品的实际使用性能和寿命都比过去的油品有了很大的提高。转向助力油的选择和更换，一般应根据汽车生产厂的车辆保养手册规定进行。

2. 转向助力油使用的注意事项

（1）油的品质应符合规定

动力转向系所使用的转向助力油牌号，应符合原厂规定。油液应具备良好的黏温特性、耐磨性、抗氧化性、润滑性等，并无杂质和沉淀物等。无原厂规定牌号的油液时，可用 13 号机械油或 8 号液力传动油代替，但两种油液不可混用。

（2）定期检查转向助力油储油罐油面高度

结合维护周期检查转向助力油储油罐油面高度是否在规定刻度线之间，不足时应添加；添加的油液要经过滤清，品种要与原油液相同。

（3）应适时换油

因液压动力转向系的油液是在高温高压下工作的，易变质，所以要定期更换。一般一年更换一次，或按原厂规定进行更换。

（4）应及时排除系统内的空气

在转向系加油时或转向系混入空气时，需要将空气排出。

（5）切勿将转向助力油当成制动液来使用

因转向助力油和制动液的流动性、沸点及与橡胶等密封件的配合性等不同，所以在维修车辆时要特别注意切勿将转向助力油当成制动液来使用，否则会导致制动失灵。另外，转向时不可将转向盘"打死"，否则易烧坏转向助力泵。

⚙️ 任务四 行驶系维护

知识目标

1. 了解行驶系功用；
2. 掌握行驶系组成；
3. 掌握行驶系维护项目。

能力目标

1. 能够完成行驶系检查操作；
2. 能够完成行驶系维护操作。

任务导入

一辆行驶 40 000 km 的轿车，车主最近发现汽车在行驶过程中经常有异响，于是将汽车送至维修企业。维修技师通过初步检查及与车主的交流，确定汽车行驶系有问题，需要系统维护。你知道汽车行驶系维护项目都有哪些吗？如何操作？

知识学习

行驶系统功用与组成

一、行驶系功用

汽车行驶系的功用是支撑、安装汽车的各零部件总成，传递和承受车上、车下各种载荷的作用，缓和冲击，减少振动，以保证汽车平稳行驶。

二、行驶系组成

行驶系主要由车架（车身）、车桥、悬架、车轮等组成，如图 3 – 49 所示。

图 3 – 49 行驶系组成

1. 车桥

车桥位于悬架与车轮之间，其两端安装车轮，通过悬架与车架（或车身）相连，其功用是传递车架（或车身）与车轮之间的各种载荷。

2. 车架与悬架

（1）车架

车架俗称"大梁"，它是跨接在前、后车轮上的桥梁式结构，构成整个汽车的骨架，是整个汽车的装配基体。汽车的绝大多数零部件、总成要安装在车架上。车架除承受静载荷外，还要承受汽车行驶时来自路面的各种复杂载荷的作用。

（2）悬架

悬架是车架（或车身）与车桥（或车轮）之间一切传力连接装置的总称。现代汽车的悬架虽有不同的结构形式，但一般由弹性元件、减震器、导向机构等组成，轿车一般还有横向稳定杆（器）等。

汽车悬架有非独立悬架和独立悬架两种类型。独立悬架一般分为烛式独立悬架、多连杆式独立悬架和麦弗逊式独立悬架。其中，麦弗逊式独立悬架结构较简单，布置紧凑，用于前悬架时能增大两前轮内侧的空间，故多用于发动机前置前轮驱动的轿车上。

3. 车轮与轮胎

汽车车轮总成由车轮和轮胎两大部分组成，是汽车行驶系的重要部件之一。

（1）车轮

车轮一般是由轮辋和轮辐（辐条）组成，如图 3 – 50 所示。轮辋用于安装和固定轮胎，轮辐将轮辋通过螺栓与轮毂连接起来。

图 3 – 50　车轮组成

（2）轮胎

现代汽车都采用充气式轮胎，轿车上应用的轮胎主要是低压（超低压）、无内胎的子午线轮胎。轮胎安装在轮辋上，直接与路面接触。

轮胎按结构分为子午线轮胎和斜交轮胎，现在家庭用汽车轮胎都使用子午线轮胎。

轮胎按花纹形式分为条形花纹轮胎、横向花纹轮胎、混合花纹轮胎和越野花纹轮胎四种类型。

　　备胎分为全尺寸备胎和非全尺寸备胎。(非全尺寸备胎的直径和宽度都要比其他四条轮胎略小,因此只能作为临时代替使用,而且只能用于非驱动轮,并且最高时速不能超过 40 km·h^{-1})。

三、项目操作

1. 项目操作一:车轮轴承状况检查

(1)轴承摆动检查

步骤一:将车辆举升至中位(根据操作人员身高,自行确认),确保安全。

步骤二:将一只手放在轮胎上面,另一只手放在轮胎下面,紧紧地推拉轮胎,检查车轮是否有摆动,如图 3 – 51 所示。

图 3 – 51　轴承摆动检查

出现摆动时,踩下制动踏板再次检查其行程。

①没有更大的摆动:车轮轴承是起因。

②仍然摆动:可能球节、主销或者悬架是起因。

(2)转动状况和噪声检查

用手转动轮胎,检查其是否能够无任何噪声地平稳转动,如图 3 – 52 所示。

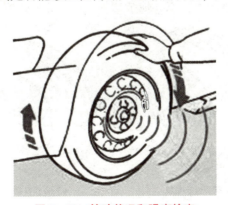

图 3 – 52　转动状况和噪声检查

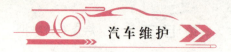
2. 项目操作二　车轮拆装

（1）车轮拆卸

步骤一：将车辆停放在指定位置（如果用举升机举升车辆），在不拆卸的车轮前、后各放置一个三角木或橡胶块等，防止溜车。

步骤二：取下车轮螺栓饰板，使用轮胎扳手或扭力扳手等初步拧松车轮固定螺栓，注意车轮螺栓拆卸顺序，如图3-53所示。

图3-53　车轮螺栓拆卸顺序

步骤三：用千斤顶（或举升机支臂）支撑在车辆指定位置（部分车辆无明确支撑位置，根据车辆底部情况，选择支撑车辆裙边或车桥位置），使被拆车轮离开地面。

步骤四：拆下全部固定螺栓，取下车轮。

（2）车轮安装

步骤一：先将车轮抵靠在轮毂上（注意轮胎握持方法，用双手握持轮胎，不要抓轮辋，以免损伤轮毂及操作人员手指），再将车轮固定螺栓初步拧在轮毂上，使车轮与轮毂贴靠在一起。

步骤二：降下车辆，使用驻车制动器，用扭力扳手按对角线的顺序分2~3次拧紧车轮固定螺栓，最后将固定螺栓扭紧至规定力矩。

3. 项目操作三　车轮检查

（1）轮胎检查

轮胎检查主要包含磨损程度、轮胎气压检查，检查所用工具包含轮胎花纹深度尺和轮胎气压表等。

汽车轮胎检查

步骤一：轮胎外观检查。举升车辆，缓慢转动轮胎，检查轮胎表面是否有裂纹、割痕、其他损坏，是否有金属嵌入物或其他杂物等，如图3-54所示。

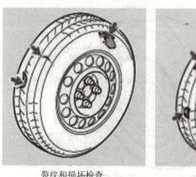

裂纹和损坏检查

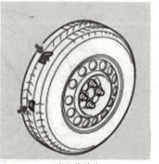
嵌入物检查

图3-54　轮胎外观检查

步骤二：胎面花纹深度检查。擦净轮胎花纹顶面及纹槽，将深度尺垂直插入轮胎花纹槽，保持深度尺的测量平面与两侧花纹顶面可靠接触；观察并读取深度尺外壳顶端与标尺对齐的刻度线指示的数值，该数值即为轮胎花纹深度值（现代轿车前轮轮胎花纹深度值不得小于1.6 mm），如图3-55所示。

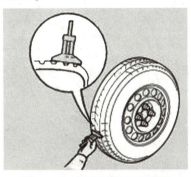

图3-55 胎面花纹深度检查

如果轮胎花纹接近轮胎磨损标记，应更换轮胎，如图3-56所示。如果经过测量，前轮轮胎比后轮轮胎花纹磨损严重，应进行轮胎换位，这样可保持汽车各个轮胎磨损基本均匀，达到延长轮胎使用寿命的目的。

轮胎磨损标记

图3-56 轮胎磨损标记

步骤三：轮胎气压及气门嘴的检查（如图3-57所示）。轮胎气压可用气压表进行检查。通常胎压推荐值是指轮胎在冷却情况下测得的胎压值（轮胎冷却是指停车至少3 h或轮胎行驶不超过2 km）。如果只能在热胎时测量胎压，将所测得的胎压值减去约0.03 MPa才是轮胎冷却时气压。

不同车辆的轮胎气压值也不同，检查时应参看车辆保养手册，或在驾驶室车门（B柱附近）、油箱盖、储物箱等标有轮胎型号的地方找到轮胎气压推荐值。

步骤四：检查轮胎气压后，通过在气门嘴周围涂肥皂水的方法检查轮胎是否漏气。

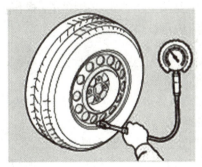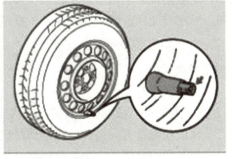

图3-57 轮胎气压及气门嘴的检查

（2）轮圈和轮盘的检查

检查轮圈和轮盘是否损坏、腐蚀和变形，如图 3－58 所示。

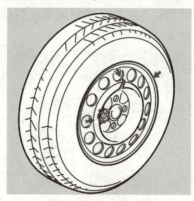

图 3－58　轮圈和轮盘的检查

4. 项目操作四：轮胎换位

轮胎按时换位可使其磨损均匀，约可延长其 20％ 的使用寿命，因此应结合车辆二级维护定期换位。在路面拱度较大的地区或夏季，轮胎磨损差别较大，可适当增加换位次数。一般推荐行驶里程达 8 000～10 000 km 时将轮胎换位一次。

常用的轮胎换位方法有交叉换位法和单边换位法，如图 3－59 所示。

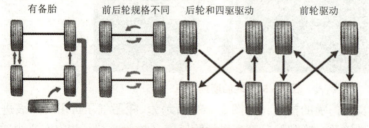

车轮的拆装和换位

图 3－59　汽车轮胎换位法

步骤一：拆下所要换位的轮胎，根据交叉换位和单边换位的方法，分别安装到位。

一般情况下，子午线轮胎的旋转方向应始终不变，宜用单边换位法。若反向旋转，会因钢丝帘线反向变形而产生振动，汽车平顺性变差。所以一些车辆使用手册推荐子午线轮胎采用单边换位法。

步骤二：轮胎换位后，应按所换的胎位要求，重新调整轮胎气压。

步骤三：轮胎换位后须做好记录，下次换位仍要按上次选定的换位方法操作。

步骤四：对于有胎压监测功能的轮胎，换位后应重新设定相关数据。

5. 项目操作五：悬架及球节的检查

（1）球节检查

步骤一：将车辆举升至低位，在左、右前轮底部各放置一个合适高度的垫块（高度 18～20 cm，操作人员也可根据便于操作的高度选择）。

步骤二：保证前轮垂直向前，使用制动踏板锁止器，锁止制动踏板。

步骤三：使车辆前悬架处于半载荷状态（放低举升器直到车轮行程一半时可达到该状态）。

步骤四：再次确认前轮垂直向前。

步骤五：在下臂的末端使用工具检查球节过多的上下滑动间隙，如图3-60所示。

步骤六：检查球节防尘罩是否有裂纹、撕裂或者其他损坏。

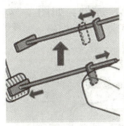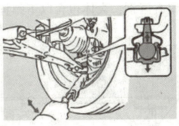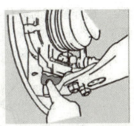

图 3-60　球节检查

车辆悬架系统的检查

（2）悬架检查

步骤一：车辆举升至高位。

步骤二：检查减震器有无变形、损坏和油液渗漏。

步骤三：检查减震器螺旋弹簧是否安装正确、是否损坏，如图3-61所示。

图 3-61　减震器及减震器螺旋弹簧安装的检查

步骤四：检查后桥部分有无变形和损坏，如图3-62所示。

图 3-62　后桥检查

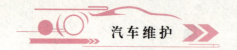

6. 项目操作六：车辆底盘的螺栓、螺母紧固操作

车辆底盘系统
螺栓检查与维护

车辆底盘的螺栓、螺母紧固，是车辆二级维修作业中必要的检查项目。紧固螺栓、螺母，要根据车辆维修手册要求，扭紧至规定力矩。各个车型底盘的螺栓、螺母紧固的部位稍有区别，大体包含以下螺栓、螺母，如图3-63~图3-65所示。

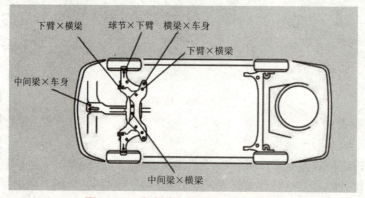

图3-63　底盘前部的螺栓、螺母紧固

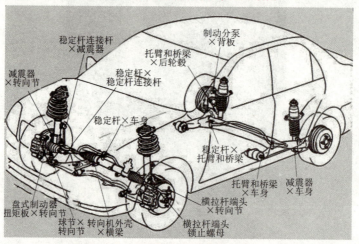

图3-64　悬架及转向系的螺栓、螺母紧固

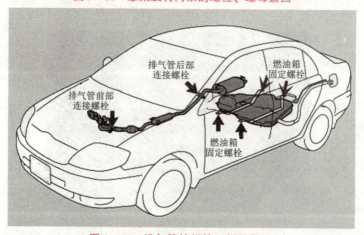

图3-65　排气管的螺栓、螺母紧固

四、知识拓展——汽车轮胎

轮胎是汽车行驶系的主要部件，轮胎是否合理使用关系到汽车的行驶安全、能源消耗和汽车运输成本的高低。轮胎的使用费用占汽车成本的10%以上，轮胎使用维护的好坏，可使汽车油耗的变化幅度达到10%~15%。早在1990年，我国交通部就发布了《汽车运输业车辆技术管理规定》（2016年交通运输部发布新的《道路运输车辆维护管理规定》），明确要求加强汽车轮胎的管理，提高轮胎使用维护技术水平。

1. 汽车轮胎的分类及规格

（1）轮胎分类

轮胎的类型较多，按胎面花纹可分为条形花纹轮胎、横向花纹轮胎、混合花纹轮胎和越野花纹轮胎；按胎体中的帘线排列不同可分为普通斜交轮胎、带束斜交轮胎和子午线轮胎；按有无内胎可分为有内胎的轮胎和无内胎的轮胎。

（2）轮胎规格

轮胎规格常用一组数字和英文字母表示。例如，165/70 R14 表示轮胎宽165 mm，高宽比70%，轮辋直径14 in。中间的字母或符号有特殊含义："X"表示高压胎；"R""Z"表示子午胎；"—"表示低压胎。

注意：轿车和载货汽车的轮胎、有内胎和无内胎的轮胎，规格表示方法不同。

（3）轮胎规格最新表示方法及有关文字含义

下面以P225/45 Z18 95W轿车轮胎为例（如图3-66所示），解释轮胎规格及胎侧主商标、辅商标、规格、负荷、结构、认证、生产周期、用途等文字标记的含义。

①轮胎断面宽度：指两个胎侧之间的宽度，一般用英文字母W来表示，单位为mm。

图3-66　汽车轮胎规格及胎侧文字标记含义

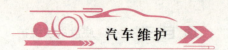

②轮胎断面高度：指胎根与胎冠之间的高度，一般用英文字母 H 来表示，单位为 mm。

③扁平率（即高宽比）：指轮胎断面高度相对轮胎断面宽度所占的百分比。扁平率越小，轮胎越扁平，轮胎的舒适及制动性能越高。

④轮胎的结构："R"或"Z"表示该轮胎为子午线结构，也就是说它的帘布层是呈子午线状排布在胎体内的；"B"表示轮胎为斜交结构，目前斜交结构的轿车轮胎已不复存在。

⑤载重（负荷）指数：指轮胎的最高载重量。不同的载重指数代表不同的最高载重量（通常以 lb 或 kg 为单位）。

⑥速度代号（级别）：指轮胎的最高速度级别，单位是 $km \cdot h^{-1}$。速度代号与最高车速之间的对应关系如表 3 – 3 所示。

表 3 – 3　速度代号与车速之间的对应关系

单位：$km \cdot h^{-1}$

速度代号	速度	速度代号	速度	速度代号	速度	速度代号	速度
A1	5	B	50	L	120	U	200
A2	10	C	60	M	130	H	210
A3	15	D	65	N	140	V	240
A4	20	E	70	P	150	Z	240 以上
A5	25	F	80	Q	160	W	270 以上
A6	30	G	90	R	170	Y	300 以上
A7	35	J	100	S	180		
A8	40	K	110	T	190		

⑦DOT：表示该轮胎符合美国交通协会规定的安全标准。"DOT"后面紧挨着的 11 位数字及字母则表示此轮胎的识别号码或序列号。

⑧轮胎分级：指统一轮胎品质分级（Uniform Tire Quality Grading，UTQG）。除雪地胎外，DOT 要求制造厂依据"胎面磨耗""抓地力"及"耐高温"三个性能要素将轿车轮胎进行分级。

⑨胎面磨耗率：超过 100 为较优，100 为标准，低于 100 为较差。

⑩磨耗等级：是根据美国政府指定的试验场地按标准条件测试的磨耗率换算得出的。如某轮胎磨耗等级为 200，则表示它在政府指定的试验场地上比等级为 100 的轮胎可以多跑一倍的时间。而实际上胎面磨耗率与使用条件有关，例如驾驶习惯、路面状况、气候、车轮定位等。

注意：胎面磨耗率只能适用于同一制造商的产品进行比较，不同品牌的产品不能比较。

⑪抓地力：A 为最佳，B 为中等，C 为一般。

⑫抓地等级：指轮胎按标准条件在美国政府指定的测试场地，在湿滑的沥青路面和水泥路面所表现的直线行驶制动性能，不包括转弯性能。

⑬温度等级：指按标准条件在指定的室内实验室的试验车轮上测试，轮胎所表现的抗

热量产生的能力。持续高温会造成轮胎材质老化，从而缩短轮胎的使用寿命，温度过高则可导致爆胎。因此美国联邦法律规定所有轮胎至少必须通过 C 级温度等级。A 为最佳，B 为中等，C 为一般。

2. 汽车轮胎使用的注意事项

（1）合理选用、搭配轮胎

选用、搭配轮胎要因车而异，同车、同轴不要混装不同规格的轮胎。如果将两种不同规格的轮胎装在同一轴上，就会造成转向过度或不足，容易导致侧滑；轻者影响汽车的操纵灵活性，重者会造成车祸。此外，应尽量避免同车混装不同品牌的轮胎，因为不同品牌轮胎即使是许多参数相同，但其轮胎花纹、轮胎质量等也有很大区别，从而不能保证行车安全。轮胎规格必须与轮辋规格相配；同一车轴应搭配规格、花纹及层级相同的轮胎；轮胎花纹应根据道路条件选择，搭配有方向花纹的轮胎时，花纹"人"字尖端的指向应与车轮前进旋转方向一致。在优先考虑选用原厂轮胎的同时，也可以根据自身需求，换装汽车生产厂所认定的配套轮胎。

（2）正确检查胎压，合理充气，保持正常胎压，避免爆胎

有些车主和维修工利用经验按照轮胎的下沉量、触地面积等来判断轮胎气压是否充足，这是很不科学的。现在轮胎种类繁多，有些轮胎在胎压很足时依然与地面保持很大的接触面积，因此气压量表所检测出的胎压才是轮胎充气时的真实气压。充气不足会加速轮胎磨损，而充气过量时，轮胎帘线过分伸张，会降低其使用寿命，甚至直接导致爆胎。充气前要检查轮胎气门嘴，看它与气门芯的配合是否平整，若有凹凸不平等缺陷则需要更正，否则不宜给轮胎充气及测胎压。充气前擦净气门嘴上的灰尘，充入气体不要含有水分或油液，若混入水分或油液等杂质则会加速轮胎的老化。

另外，轮胎充气一定要等到车凉、胎热散去以后进行，否则高温下会影响胎压，使充气不准。胎压是决定轮胎使用寿命和工作好坏的主要因素。胎压过低时，胎体变形增大，造成内应力增加，使轮胎过度升温，胎面接触面积增大，磨损加剧，尤其是胎肩部分，滚动阻力增大，燃料消耗增加。双胎中一胎气压过低会使另一胎超载损坏。胎压过高时，胎冠部分磨损加剧，动载荷增大，胎冠易爆裂。

（3）前后轮胎要正确及时换位，防止产生不均匀磨损

车辆行驶到一定里程后（一般为 10 000 km）就应进行轮胎换位。因发动机一般置于汽车前面，故前、后桥所承担的负荷不同，而且汽车在制动过程中由于惯性作用，前轮的负荷通常占汽车全部负荷的 70% ~80%，这势必造成前胎磨损较快。为减轻这一现象所带来的不均匀磨损，应及时将前后轮胎换位使用。轮胎换位的基本方法有单边换位法和交叉换位法两种，具体选用何种方法应根据轮胎的规格、品种而定。

（4）对在用轮胎应定期进行平衡检查

轮胎平衡分为动态平衡与静态平衡两种。动态不平衡会使车轮摇摆，难以操纵，并产生波浪形磨损；静态不平衡会使车辆在行驶时产生颠簸和跳动现象，使轮胎表面产生平斑形磨损。所以定期做动、静平衡检查并调整不平衡量，可延长轮胎寿命，提高车辆行驶的稳定性，避免在高速行驶时因轮胎摇摆、跳动失去控制而造成交通事故。

（5）精心驾驶，掌握车速，控制胎温

驾驶中，要注意起步平稳、加速均匀、选好路面、减少转向、少用制动；坚持经济车

速（中速）行驶，避免胎温超过 100 ℃；轮胎过热时，严禁用放气、泼水等方法降胎压。

（6）适时淘汰磨损超限的轮胎

欲淘汰轮胎，首先要观察其磨损程度，当磨损标识显露时就要淘汰了。一般情况下，轮胎使用 40 000 ~ 50 000 km 时，就应淘汰。行驶里程较少，但使用时间已超过两年以上的轮胎，同样应淘汰掉。因为轮胎是用橡胶材料制成的，受环境影响，使用时间一长，就会发生变质老化现象，存在龟裂、爆胎等隐患，从而影响行车安全。

项目四

电气系统维护

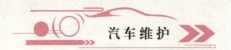

随着汽车技术的不断发展，电子技术在汽车上的应用越来越广泛。

电气系统组成

一、汽车电气系统组成

汽车电气系统的功能是保证汽车在行驶过程中的可靠性、安全性和舒适性。图4-1所示为汽车电气系统组成。

图4-1　汽车电气系统组成

1. 电源系统

电源系统包括蓄电池、交流发电机及其调节器等。

2. 照明系统

照明系统包括前照灯、雾灯、牌照灯、顶灯、阅读灯、仪表板照明灯、行李箱灯、门灯及发动机舱照明灯等，如图4-2所示。

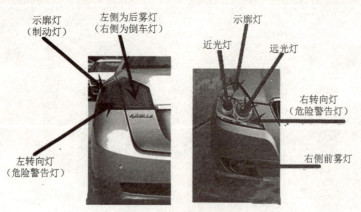

图4-2　外部照明系统组成

3. 仪表系统

仪表系统包括车速表、里程表、燃油表、发动机水温表、发动机转速表等，如图4-3所示。

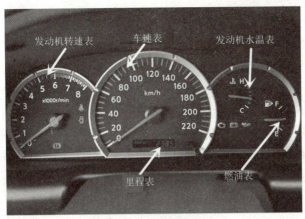

图 4 - 3   汽车仪表系统

4. 信号系统

信号系统包括音响信号和灯光信号装置（如制动信号灯、转向信号灯、倒车信号灯以及各种报警指示灯等），如图 4 - 4 所示。

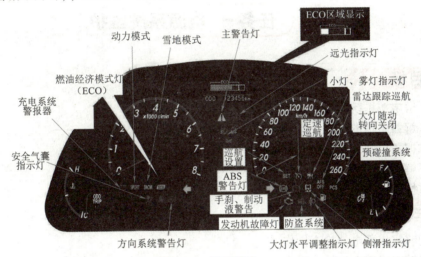

图 4 - 4   信号系统

5. 空调系统

空调系统包括暖风、制冷与除湿装置等。

6. 其他用电设备

其他用电设备包括电动玻璃升降器、中央控制门锁、电动后视镜、风窗玻璃刮水器、洗涤器、电喇叭、点烟器及电动天窗、巡航控制系统、安全气囊、电动座椅等。

二、汽车电气设备的特点

1. 低压

汽车用电设备的额定电压有 12 V、24 V 两种。汽油车多采用 12 V 电源电压，大型柴油车多采用 24 V 电源电压。

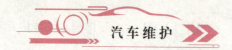

2. 直流

所谓直流，主要从蓄电池的充电来考虑，因为蓄电池充电时必须用直流电，所以汽车电源必须是直流电。

3. 单线制

汽车上所有用电设备都是并联的，电源到用电设备只用一根导线连接，而另一根导线则用汽车车体或发动机机体的金属部分代替，作为公共回路，这种连接方式称为单线制。采用单线制可节省导线，使线路简化、清晰，便于安装与检修，并且用电设备无须与车体绝缘，因此现代汽车广泛采用单线制。

4. 负极搭铁

采用单线制时，蓄电池的一个电极须接到汽车车体或发动机机体的金属部分，俗称"搭铁"。若将蓄电池的负极接到汽车车体或发动机机体的金属部分，便称为"负极搭铁"。目前，各国生产的汽车基本上采用"负极搭铁"。

下面将对车辆二级维护操作项目的几个相关系统进行讲解。

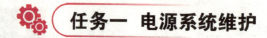

任务一　电源系统维护

知识目标

1. 了解电源系统组成；
2. 了解蓄电池的功用及组成；
3. 掌握蓄电池使用的注意事项；
4. 了解发电机的功用及工作原理。
5. 掌握电源系统维护项目。

能力目标

1. 能够完成蓄电池检查操作；
2. 能够完成蓄电池维护操作；
3. 能够完成发电机工作状况检查操作。

任务导入

一辆行驶了45 000 km的轿车，车主最近发现汽车起动困难，需要打火3~4次才能起动，于是将汽车送至维修企业。维修技师经过初步诊断，确定汽车电源系统存在故障，需要维护。你知道汽车电源系统维护项目都有哪些吗？如何操作？

知识学习

一、蓄电池

1. 功用

蓄电池类型与功用

蓄电池（俗称"电瓶"）是汽车上的两个电源之一，在汽车上与发电机并联，共同向用电设备供电。

蓄电池既是一种能将化学能转换为电能的装置，也是能将电能转化为化学能的可逆低压直流电源。当蓄电池放电时，其储存的化学能转换为电能；当蓄电池充电时，电能转换为化学能储存起来，直到化学能储存满时充电才结束。汽车蓄电池的功用如下：

①在发动机起动时，向起动机和点火系统供电。

②在发电机不发电或电压较低时，向用电设备供电。

③当发电机超载时，协助发电机供电。

④蓄电池存电不足，而发电机负载又较少时，蓄电池可将发电机的电能转变为化学能储存起来（即充电）。

⑤过载保护。蓄电池相当于一个大容量电容器，在发电机转速和负载发生比较大的变化时，能够保持汽车电气系统电压的相对稳定。同时，蓄电池还可吸收发电机产生的瞬间过电压，保护汽车电子元件不被损坏，所以，发电机不允许脱开蓄电池运转。

2. 蓄电池结构

蓄电池由多个单体电池组成，每个单体电池由正极板、负极板、隔板、电解液和壳体等组成，解剖的蓄电池实物如图4－5所示。蓄电池壳体一般分为3格、6格或12格等，每格均填充电解液，正、负极板浸入电解液中成为单体电池。3个单体电池串联在一起成为6 V蓄电池，6个单体电池串联在一起成为12 V蓄电池。

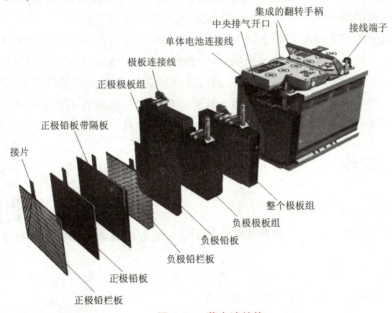

图4－5 蓄电池结构

3. 蓄电池使用的注意事项

①汽车使用时，发动机每次起动时间不能超过5 s，两次起动时间间隔必须在15 s以上。

②经常检查蓄电池的安装是否牢靠；检查起动电缆线与极桩的连接是否紧固；检查电缆线的线夹与极桩上是否有氧化物，若有，应及时清除。

③经常检查蓄电池盖表面是否清洁，及时清除盖上的灰尘、电解液等脏物，保持加液

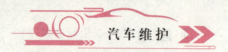
口盖上的通气孔畅通。

④定期检查电解液的液面高度（可维护蓄电池），当液面降低到一定程度时，应及时补加电解液。

⑤定期对蓄电池进行充电，以保证蓄电池始终保持充足电的状态。

⑥经常检查蓄电池的放电程度，超过规定时应立即进行充电。

二、发电机

1. 功用

发电机是汽车的主要电源，其功用是在发动机正常运转时，向所有用电设备（起动机除外）供电，同时向蓄电池充电。

2. 整体交流发电机的工作原理

当外电路通过电刷使励磁绕组通电时，便产生磁场，爪极被磁化为 N 极和 S 极。当转子旋转时，磁通交替地在定子绕组中变化，根据电磁感应原理可知，定子的三相绕组中便产生交变的感应电动势。这就是交流发电机的发电原理。

由原动机（即发动机）拖动直流励磁的同步发电机转子，以转速 n（$r \cdot min^{-1}$）旋转，三相定子绕组便感应交流电势。定子绕组若接入用电负载，发电机就有交流电能输出，经过发电机内部的整流桥将交流电转换成直流电从输出端子输出。

交流发电机分为定子绕组和转子绕组两部分，三相定子绕组按照彼此相差 120 度电角度分布在壳体上，转子绕组由两块爪极组成。当转子绕组接通直流电时即被励磁，两块爪极形成 N 极和 S 极。磁力线由 N 极出发，透过空气间隙进入定子铁芯再回到相邻的 S 极。转子一旦旋转，转子绕组就会切割磁力线，在定子绕组中产生互差 120 度电度角的正弦电动势，即三相交流电，再经由二极管组成的整流元件变为直流电输出。

三、项目操作

蓄电池检查与维护

1. 项目操作一：蓄电池基本检查

步骤一：蓄电池外观检查。检查蓄电池外壳是否有裂纹或者渗漏，如果有渗漏，应及时更换。

步骤二：端子腐蚀检查。检查蓄电池端子是否腐蚀或损坏，如果有腐蚀，可以用碱性溶液进行清洁。根据端子损坏程度维修或更换。

步骤三：电源导线连接松动检查。检查蓄电池端子导线是否松动，如果松动，应及时紧固。

步骤四：通风孔检查。通风孔位置如图 4 - 6 所示，检查蓄电池的通风孔塞是否损坏或者通风孔是否阻塞，如果阻塞，应及时清理。

通风孔

通风孔

图 4 - 6　蓄电池通风孔

注意：不同品牌和型号的蓄电池，通风孔的位置可能不同。

2. 项目操作二：免维护蓄电池工作状况检查

免维护蓄电池的上面都设有观察窗，观察窗的位置如图4-7所示，可以直接通过观察窗中电量指示器的颜色确认蓄电池的工作状况。

观察窗中电量指示器的颜色说明如下：

①绿色，表示蓄电池的技术状况良好；

②黑色，表示电解液密度偏低，应对蓄电池进行充电；

③黄色，表示电解液液面过低，蓄电池已不能继续使用。

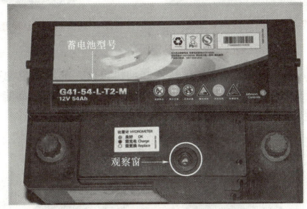

图4-7 蓄电池上观察窗的位置

注意：不同品牌蓄电池规定的观察窗中电量指示器颜色代表的含义可能也不同。

3. 项目操作三：可维护蓄电池电解液液面高度的检查

步骤一：对于透明壳体的可维护蓄电池，壳体均标有上、下刻度线，可以从外部观察到蓄电池内电解液液面与壳体上、下刻度线的相对位置，如图4-8所示。电解液液面高度的标准值应在壳体的上、下刻度线之间；若液面接近或低于下刻度线，一般可以直接加入蒸馏水，但添加后的高度不应高于上刻度线。

图4-8 电解液液面高度刻度线

步骤二：对于有加液口的蓄电池，液面高度可用玻璃管测量。电解液液面应高出极板10～15 mm，电解液不足时应加注电解液补充液（蒸馏水，若无特殊要求一般不允许加入硫酸溶液）。

4. 项目操作四：可维护蓄电池电解液相对密度测量

所需测量工具为蓄电池密度测量仪和吸管，如图4-9所示。

先旋下加液孔盖，用吸管吸取少量电解液，将电解液涂在密度测量仪的玻璃板上，观察电解液的密度值，如图4-10所示。数值偏低，应及时为蓄电池充电，一般应保证在25℃时，电解液相对密度值为1.25 kg·L^{-1}以上。

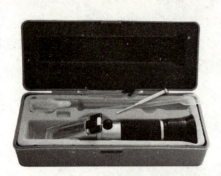

图 4 - 9　蓄电池密度测量工具

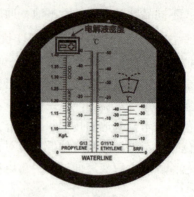

图 4 - 10　观察电解液的密度值

5. 项目操作五：用高频放电计测量放电电压

高频放电计如图 4 - 11 所示，它模拟接入起动机负荷，测量蓄电池在大电流（接近起动机起动电流）放电时的端电压，用以判断蓄电池的放电程度和起动能力。高频放电计由一个电压表和一个定值负载电阻组成。

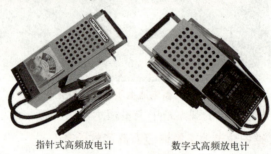

指针式高频放电计　　　　　数字式高频放电计

图 4 - 11　高频放电计

测量时将两叉尖或夹子与蓄电池的正、负极桩连接，历时不超过 5 s，观察大负荷放电情况下蓄电池所能保持的端电压。一般技术状况良好的蓄电池，用高率放电计测量时，蓄电池电压应在 9.6 V 以上，并在 5 s 内保持稳定；若电压稳定在 10.6 ~ 11.6 V，说明存电充足；如果 5 s 内电压迅速下降，电压值低于 9.0 V，并且这个低电压值很长时间保持不变，说明该蓄电池已损坏。

注意：不同品牌的高频放电计负荷电阻值不同，放电电流和电压表读数也就不同，使用时应参照仪器原厂说明书规定。

6. 项目操作六：蓄电池充电

步骤一：先将蓄电池极桩和表面清理干净，将液面高度调整至正常水平（对于可维护蓄电池，当电解液液面高度低于标准要求时）。就车充电时，将蓄电池负极断开，防止充电过程中出现意外，损坏车辆电气设备。

步骤二：先连接好蓄电池与充电机间的正、负极电缆，再接通充电机电源，否则可能会在连接电缆时产生火花，引起爆炸事故。

步骤三：打开充电机上的电源开关，调节电压旋钮，观察电流表读数，直到电流表读数达到被充电蓄电池规定的最大充电电流（充电电流一般是 1/10 容量）。

步骤四：通过观察窗观察蓄电池的内部情况。充电过程中，应随时检查蓄电池的温度，切勿过热（蓄电池温度不能高于 40 ℃）；当无气泡冒出或连续 3 h 电压不变时，应立即停止充电。

蓄电池充电的安全要求如下：

①充电时，可维护蓄电池应打开蓄电池的加液孔盖，并保持室内通风良好，以免充电结束时释放大量的气体造成危险。

②充电时，严禁烟火，防止充电时释放的气体发生燃烧。

③充电机避免在阳光直射下或露天落雨时使用，避免在较大灰尘或充满腐蚀性气体的环境中使用。

7. 项目操作七：蓄电池更换

步骤一：从点火开关处取下车钥匙。

注意：在拆卸蓄电池之前，应检查音响的防盗密码并做好记录，以备安装蓄电池后使用。复装时，按拆卸相反顺序进行。

步骤二：拧松蓄电池负极桩螺栓（极桩处一般标注"－"记号），取下负极桩导线，再将蓄电池正极桩（极桩处一般标注"＋"）上的导线拆下。

步骤三：拆下蓄电池固定座上的固定压杆，取出蓄电池。

8. 项目操作八：蓄电池的应急跨接起动

如果一辆车因蓄电池电量不足而导致发动机不能正常起动，可考虑采用蓄电池应急跨接起动的方法使被救援的车辆顺利起动。

步骤一：准备一对起动跨接电缆线（注意电缆允许最大电流，以免引起过载）。

步骤二：找一辆蓄电池电力充足、与被救援车辆电压一致的施救车辆（也可以是一块电量充足的蓄电池）。

步骤三：将两车靠近，直到跨接电缆足够连接到两块蓄电池的正、负极。

步骤四：确定好两车蓄电池的正极和负极，使用跨接电缆先将施救车辆正极与被救援车辆正极连接（正极夹子金属部分不能与车身任何地方接触），然后连接施救车辆负极与被救援车辆负极，如图 4 - 12 所示。

图 4 - 12 连接跨接电缆

布置好跨接电缆的走向，防止起动时跨接电缆与皮带或散热风扇等旋转部件刮蹭。

步骤五：分别将两车与发动机起动无关的电气设备关闭。施救车辆先起动运转几分

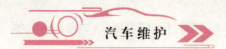

钟，并保持发动机转速在2 000 r·min⁻¹左右，之后被救援车辆打火起动。

步骤六：待被救援车辆发动机起动并运转平稳后，先将两车跨接电缆的负极电缆取下，再取下正极电缆，蓄电池的应急跨接起动过程结束。

9. 项目操作九：发电机工作状况检查

步骤一：检查发电机皮带（传动皮带），如图4-13所示。

①张紧度检查。通过用手指按压传动皮带检查弯曲程度，通过在维修手册中规定的区域施加一个98N（10kgf，22.0 lbf）的力检查松紧程度，检查皮带张力的另外一个方法是使用一个皮带张力计，如图4-14所示。

②磨损状况检查。检查传动皮带的整个外围是否有磨损、裂纹、层离或者其他损坏（如果无法检查皮带的整个外围，则通过在发动机转动方向转动曲轴带轮检查皮带）。

③安装情况检查。检查皮带以确保其正确地安装在皮带轮槽内。

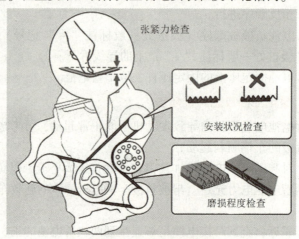

图4-13 传动皮带检查

图4-14 皮带张紧计

步骤二：起动发动机，检查发电机轴承是否有噪声。

步骤三：发电机运行时，用万用表测试蓄电池端电压，如果高于13 V，则说明发电机及其连接线束正常。

任务二 照明及仪表指示灯系统维护

知识目标

1. 了解照明系统组成;
2. 掌握各车灯安装位置;
3. 掌握照明及仪表指示灯系统维护项目。

能力目标

1. 能够完成照明系统检查操作;
2. 能够完成仪表检查操作。

任务导入

一辆轿车行驶了 40 000 km,车主最近发现夜间行车时车灯照明亮度不够,于是将汽车送至维修企业。维修技师通过初步检查,确认车辆大灯近光灯存在问题,需要系统维护。你知道汽车照明系统维护项目都有哪些吗?如何操作?

知识学习

一、照明系统

汽车照明系统是汽车安全行驶的必备系统之一,主要包括外部照明灯、内部照明灯、外部信号灯、内部信号灯。

汽车灯具按照功能划分,主要有两个种类:汽车照明灯和汽车信号灯。

汽车照明灯按照安装的位置及功用,可划分为前照灯、雾灯、牌照灯、仪表灯 、顶灯、行李箱灯。

汽车信号灯又分为转向信号灯、危险报警灯、示宽灯、尾灯、制动灯 、倒车灯。

二、外部车灯

1. 前照灯

前照灯又叫前大灯,装于车辆头部两侧,用于夜间行车道路的照明,有两灯制和四灯制之分。每辆车安装 2 只或 4 只前照灯,装于外侧的一对应为近、远光双光束灯,装于内侧的一对应为远光单光束灯(现代汽车电子技术发展较快,各个汽车生产厂对于汽车灯光的布置形式有所不同)。

前照灯灯光色为白色,远光灯灯泡功率为 45 ~ 60 W,近光灯灯泡功率为 25 ~ 55 W。要求前照灯应能保证提供车前 100 m 以上的照明距离,光线明亮、均匀,并且不应对迎面来车的驾驶员造成炫目。随着车速的不断提高,前照灯的照明距离应达到 200 ~ 300 m。

2. 雾灯

雾灯安装于车辆的前部和后部，用于在雨雾天气行车时照明道路和为迎面来车及后面来车提供信号。前雾灯（现阶段有些配置较低的车辆，前部没有雾灯）安装在前照灯附近，一般比前照灯的位置稍低，因为雾天能见度低，驾驶员视线受到限制。前雾灯灯光色为黄色，这是因为黄光光波较长，具有良好的透雾性能，灯泡功率一般为 35 W 。后雾灯采用单只时，应安装在车辆纵向平面的左侧，与制动灯间的距离应大于 100 mm，后雾灯灯光色为红色，以警示尾随车辆保持安全距离，灯泡功率一般为 21 W。

3. 倒车灯

倒车灯装于车辆尾部，用于倒车时车辆后方道路照明和警告其他车辆和行人，表示该车正在倒车，兼有灯光信号装置的功能。倒车灯灯光色为白色，功率一般为 28 W。

4. 牌照灯

牌照灯用于照亮车辆牌照，要求夜间在车后 20 m 处能看清牌照号码。牌照灯装在车辆尾部牌照的上方或左右两侧，灯光色为白色，灯泡功率为 8 ~ 10 W。它没有单独的开关控制，受示廓灯或前照灯开关控制。规定要求牌照灯必须与小灯共用一个开关控制。

三、内部车灯

1. 顶灯

顶灯安装在驾驶室或车厢内顶部，为驾驶室或车厢内的照明灯具，灯光色一般为白色。

2. 仪表灯

仪表灯安装于仪表盘内，用来照明车辆仪表，灯光色一般为白色。

3. 踏步灯

踏步灯一般安装在车辆的上下车台阶的左右两侧，用来照明车门的踏步处，方便乘员上下车，灯光色一般为白色。

4. 行李箱灯

行李箱灯为轿车行李箱内的灯，灯光色为白色。

5. 阅读灯

阅读灯装于乘员席前部或顶部，聚光时乘员看书不会给驾驶员产生炫目现象，照明范围较小，有的还有光轴方向调节机构。

6. 门灯

门灯装于轿车外张式车门内侧底部，开启车门时，门灯亮起，以告示后来行人、车辆注意避让。门灯功率为 5 W，灯光色为红色。

四、汽车灯光信号系统

1. 转向信号灯

转向信号灯装于车辆的前、后、左、右角，用于车辆转弯时发出明暗交替的闪光信号，使前后车辆、行人、交警知其行驶方向。转向信号灯的灯光色为琥珀色，灯泡功率一般为 20 W。转向信号灯的指示距离要求是：前、后转向信号灯白天距离 100 m 以外可见，侧转向信号灯白天距离 30 m 以外可见。转向信号灯的闪光频率应控制在 1.0 ~ 2.0 Hz。

2. 危险报警信号灯

危险报警信号灯用于车辆遇到紧急危险情况时，同时点亮前后左右转向灯以发出警告信号。它与转向信号灯有相同的要求。

3. 制动灯

制动灯用于指示车辆的制动或减速信号。制动灯安装在车尾两侧，两制动灯应与车辆的纵轴线对称并在同一高度上。制动灯灯光色为红光，应保证白天距离 100 m 以外可见。

4. 示廓灯

示廓灯安装在车辆的前、后、左、右侧的边缘，用于夜间行驶时指示车辆的宽度和高度，因此也相应地被称为"示宽灯"和"示高灯"。要求示廓灯在夜间距离 300 m 以外可见。前示廓灯灯光色为白色，后示廓灯灯光色多为红色，灯泡功率为 8 ~ 10 W。

五、车灯开关类型

车灯的控制开关一般有两种，即旋钮式车灯开关和拨杆式车灯开关，如图 4 – 15 所示。将旋转式车灯开关旋转到指定的灯光位置上，相应的灯光就会亮；拨杆式车灯开关的使用也比较简单，转动拨杆上的开关就能打开相应的车灯。拨杆式车灯开关往后拉一下远光灯亮一次，往前推，远光灯常亮。在开车的过程中，需要车主灵活使用汽车的远、近光灯。

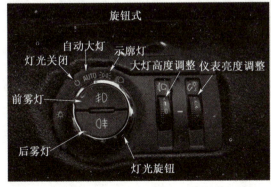
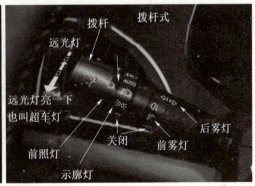

图 4 – 15　车灯开关

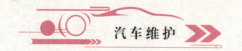
六、照明系统的安装位置

目前，汽车照明系统大都采用组合灯具，即前照灯、前转向灯、前小灯等组合在一起，构成前组合灯，如图4-16所示。倒车灯、制动灯、后转向灯、后小灯、后雾灯等组合在一起，构成后组合灯，如图4-17所示。

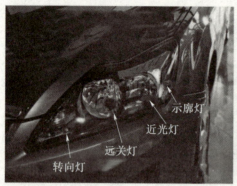

图4-16　前组合灯

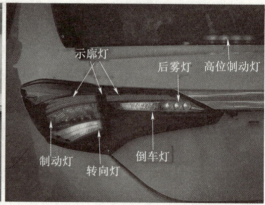

图4-17　后组合灯

七、车灯指示灯

汽车仪表盘上具有车灯指示灯，这些指示灯主要是为了提醒驾驶员车灯打开的状况。不同车型车灯光指示灯也略有区别，但是大部分具有示廓灯指示灯、近光灯指示灯、远光灯指示灯、变光灯指示灯（超车灯指示灯）、前雾灯指示灯、后雾灯指示灯、转向灯指示灯、危险警告灯指示灯等，如图4-18所示。

近光灯　　　远光灯　　　前雾灯　　　后雾灯
　　　　（超车灯指示灯）

示廓灯　　　左转向　危险警告　右转向　　危险警告灯按钮
　　　　　　　　同时点亮

图 4-18　车灯指示灯

八、项目操作

1. 项目操作一：外部车灯状况检查

（1）外部车灯状况检查

步骤一：安装状况检查。用手检查车灯是否松动。

前部灯光检查与维护　后部灯光检查与维护

步骤二：损坏/污物检查。检查各灯的灯罩和反光镜，确保没有褪色或者因为碰撞而损坏；同时，检查灯内是否有污物或者水进入。

（2）外部车灯工作情况检查

车灯是汽车驾驶员在视线不好的情况下行驶时使用的主要设备，前照灯亮度、光束角度如果不正确，将影响行车安全。因此，前照灯灯泡烧毁、污损、照射角度不正常，都是很危险的，必须在维护中及时修复。

检查前照灯、转向灯、示廓灯、制动灯等灯光装置需要两个人配合操作，一人在车内操作车灯开关，另外一人在车辆外部观看相应车灯工作状况。建议前部车灯和后部车灯分开检查，以减少外部人员的行走路线。具体检查方法如下：

步骤一：检查前，确认车辆蓄电池状况是否达到工作要求。如果蓄电池性能不佳，建议起动发动机进行灯光系统检视；如果蓄电池状况良好，不建议起动发动机（安全角度出发，涉及倒车灯检查）。车辆点火开关处于"ON"状态。

步骤二：将车灯开关旋至示廓灯位置，检查外部车灯（前、后部均要检查，后部车灯除了示廓灯还有牌照灯）是否亮起，仪表指示灯是否亮起（有些车辆示廓灯没有指示灯）。

步骤三：将车灯开关打开至近光灯位置，检查车辆前部近灯光是否亮起，同时观看仪表指示灯是否亮起。

步骤四：将车灯开关打开至远光灯位置，检查车辆前部远光灯是否亮起，同时观看仪

表指示灯是否亮起。

步骤五：车辆灯光开关打开至前雾灯位置（有些车辆未配备前雾灯），检查车辆前雾灯是否亮起，同时观看仪表指示灯是否亮起。

步骤六：将车灯开关打开至后雾灯位置，检查车辆后雾灯是否亮起，同时观看仪表指示灯是否亮起。

步骤七：将车灯开关关闭，检查车辆超车灯，同时观看仪表指示灯是否亮起。

步骤八：检查左右转向灯。打开车辆左转向开关，检查车辆转向灯是否亮起，同时观看仪表指示灯是否亮起。

步骤九：检查转向回位功能是否正常。将方向盘轻微转向该侧转向灯开启的方向，然后将方向盘回位，此时转向开关应自动回位，转向灯关闭。

步骤十：检查危险警告灯。按下危险警告灯开关，检查车辆危险警告灯是否同时闪烁（大部分车辆具有 6 个危险警告灯），同时观察仪表显示灯是否亮起。

步骤十一：踩下制动踏板，检查车辆制动灯（包含高位制动灯）是否亮起。

步骤十二：倒车灯检查。踩下制动踏板（如果是手动变速器的车辆，还应踩下离合器踏板），将挡位挂入倒挡（如果发动机运行状态，切记注意安全），观察车辆倒车灯是否亮起。

注意：常见的灯光不亮故障多为灯泡烧毁或熔丝烧断所致，更换灯泡或熔丝即可排除故障。

2. 项目操作二：内部车灯检查

（1）仪表灯及亮度调节

如果车辆仪表灯亮度影响驾驶员正常驾驶，则应该对仪表显示亮度进行调节，其调节旋钮如图 4-15 所示，转动仪表亮度调节开关，观察仪表亮度是否变化。

（2）车内阅读灯检查

如图 4-19 所示，打开车内前后阅读灯开关到常亮挡位，观察灯是否亮起。

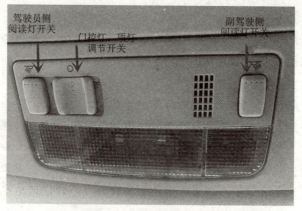

图 4-19　车内阅读灯检查

（3）门控灯检查

将顶灯开关打到门控灯位置，如图 4-20 所示，关闭好 4 个车门，分别打开、关闭每个车门（关闭车门时，门控灯应熄灭；但是各车型的门控灯熄灭都有延迟，为了快速检查，可以将点火开关处于"ON"位置，减少延迟时间），观察门控灯是否正常工作。

图 4 – 20 门控灯开关位置

（4）储物箱及行李箱的灯光检查

分别打开储物箱及行李箱，检查储物箱内照明灯及行李箱内照明灯是否正常工作。

3. 项目操作三：仪表指示灯检查

步骤一：打开点火开关到"ON"挡，观察仪表指示灯显示情况。

以上海大众途安轿车为例，图 4 – 21 为点火开关打开瞬间仪表指示灯显示情况；图 4 – 22 所示为点火开关打开 6 s 以后仪表指示灯显示情况，图 4 – 23 所示为发动机运行后仪表指示灯显示情况。

图 4 – 21 点火开关打开瞬间

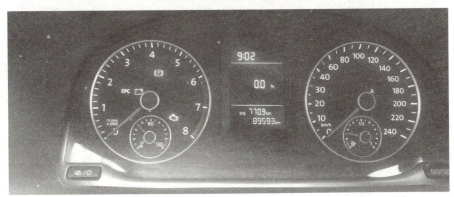

图 4 – 22 点火开关打开 6s 以后

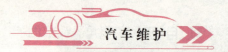

图 4 – 23　发动机运行后

步骤二：检查安全带指示灯是否正常。

步骤三：检查车门未关严指示灯是否正常。

步骤四：检查驻车指示灯是否正常。

任务三 其他用电设备维护

知识目标

1. 了解风窗玻璃刮水器的作用与组成；
2. 掌握风窗玻璃刮水器的维护项目；
3. 了解空调系统的作用及组成；
4. 掌握空调系统维护项目；
5. 了解喇叭的功用及维护项目。

能力目标

1. 能够完成风窗玻璃刮水器维护操作；
2. 能够完成空调系统维护操作；
3. 能够完成喇叭检查。

任务导入

一辆轿车行驶了 40 000 km，车主最近发现电动风窗玻璃刮水器刮刷效果不好，而且喷水位置也有点过低，于是将汽车送至维修企业。维修技师通过初步检查，确定汽车风窗玻璃刮水器存在问题，需要维护。你知道汽车电气系统维护项目都有哪些吗？如何操作？

知识学习

一、喇叭

汽车喇叭主要用于警告行人和其他车辆，以便引起注意，保证行车安全。

喇叭按发声动力有气喇叭和电喇叭之分；按外形有螺旋（蜗牛）形、筒形、瓮形之分；按声频有高音和低音之分；按接线方式有单线制和双线制之分。

电喇叭按有无触点可分为普通电喇叭和电子电喇叭。普通电喇叭主要是靠触点的闭合和断开控制电磁线圈激励膜片振动而产生声音的；电子电喇叭中无触点，它是利用晶体管电路产生的脉冲激励膜片振动产生声音的。目前汽车上所装的喇叭多为电喇叭。

二、风窗玻璃刮水器

1. 风窗玻璃刮水器作用

风窗玻璃刮水器的作用是清除风窗玻璃上的雨水、雪或尘土，以保证驾驶员可以有良好、清晰的能见度。

2. 风窗玻璃刮水器组成

现代汽车都采用电动风窗玻璃刮水器，它主要由刮水片、刮水臂、刮水器电动机、传

动机构等组成,如图4-24所示。

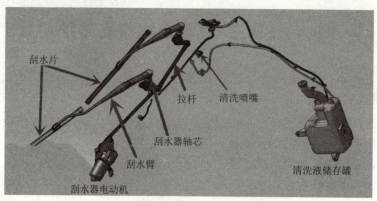

图4-24 风窗玻璃刮水器组成

3. 风窗玻璃刮水器使用的注意事项

风窗玻璃刮水器在使用中稍有不当,可能会造成风窗玻璃刮水器部件的损坏,从而影响雨天驾驶的视野效果。为此,在使用风窗玻璃刮水器时应从以下几个方面加以注意。

①风窗玻璃刮水器电动机大多做成封闭式,不可随意拆卸。若必须拆卸风窗玻璃刮水器电动机,装配时要保持内部的清洁,不可将铁屑之类的污物落在其内部;装配时还要注意向含油轴承的毛毡上加注少许润滑油,并更换或补充减速器内的润滑脂。

②要定期检查刮水片,当发现其严重磨损或有脏物时应更换或清洗。更换刮水片时,先将旧橡胶条拉出来,然后把新橡胶条插进去,注意不要把安装方向弄错了;同时一定要把固定卡夹安装牢靠,否则橡胶条很容易脱落。清洗刮水片时,可用含有酒精的清洗剂擦去刮水片上的污物。刮水片不可用汽油清洗和浸泡,否则会引起变形,影响其工作效能。

③在试验风窗玻璃刮水器工作情况时,风窗玻璃应该先用水润湿,否则会刮伤玻璃;同时,由于刮水片摩擦阻力大,还有可能损伤刮水片或烧坏电动机。在试验时应注意电动机有无异常噪声,尤其应引起注意的是当刮水器电动机嗡嗡作响而不转动时,说明刮水器机械传动部分有锈死或卡住的地方,这时应立即关闭风窗玻璃刮水器开关,以防烧毁电动机。

④使用中当断开风窗玻璃刮水器开关时,刮水片应能自动回到风窗玻璃的下侧之后停止。若位置不当,应进行检修。

⑤在冬季使用风窗玻璃刮水器时,若发现刮水片被冻结或被雪团卡住,应立即关闭开关,清除冰块、雪团后继续使用,否则会因阻力过大而烧坏刮水器电动机。

⑥当风窗玻璃清洗液缺少时,应及时补充添加。

三、空调系统

汽车空调即车内空气调节装置,是指对车内空气的温度、湿度、流速及清洁度进行调节控制的装置。

1. 汽车空调系统组成

汽车空调系统一般由制冷系统、采暖系统、通风系统、操纵控制系统(控制电路)及空气净化系统组成。本部分只介绍制冷系统的相关知识。

（1）制冷系统作用

制冷系统的作用是对车内或由外部进入车内的新鲜空气进行冷却和除湿，使车内空气变得凉爽、舒适。

（2）制冷系统组成

制冷系统主要由压缩机、冷凝器、蒸发器、孔管或膨胀阀、储液干燥器、高低压管路、鼓风机、空调滤芯及控制电路等组成，如图4-25所示，各部分之间采用铝管（或铜管）与高压胶管连接成一个密闭系统。

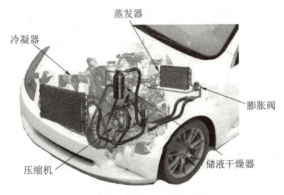

图4-25　制冷系统组成

2. 汽车空调制冷系统日常维护的注意事项

不论汽车空调工作与否，都有可能出现配件老化及损坏，从而造成故障，影响其使用效果和使用寿命，因此要加强平时的维护工作。在日常维护中，应注意以下几个方面：

①经常检查制冷系统的各管路接头，一旦发现油渍，应用测漏器检查是否有渗漏，也可以用较浓的肥皂水抹在可疑处，观察是否有气泡出现。

②经常或定期通过观察窗查看制冷剂的流动情况，如图4-26所示。

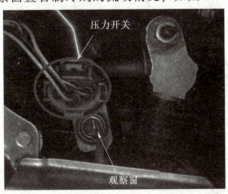

图4-26　通过观察窗查看制冷剂的流动情况

空调系统的制冷剂量正常时，从观察窗中应能看到液体流过；若观察窗中气泡量过多，说明制冷剂不足，应通过用压力表测量高、低压压力来进一步检查，必要时补充制冷剂。

③各管路接头、压缩机的安装托架不得有松动现象，V带的松紧应适宜。

④经常检查制冷系统各橡胶管有无磨损、老化现象，各接头处是否松动和损坏，压缩机密封处有无渗漏的痕迹，如发现问题应及时修理。

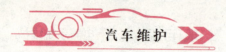

⑤空调系统的电线绝缘层应保持良好。当空调系统熔断器的熔丝烧断后，应首先检查故障原因，待排除故障后再更换熔丝通电。切不可把熔断器短接，这样会烧坏整个线路。

⑥注意保持冷凝器表面清洁。

⑦制冷系统的蒸发器进风口处一般装有空气滤网，此滤网应每周清洁一次。

⑧蒸发器风扇以及出风口调节板和开关要定期除垢去尘，冷凝器叶片应经常用清水冲洗除尘，以保持进气畅通。

⑨使用空调时，每半个月应检查制冷剂量一次。根据空调系统的结构特点，检查方法可分为两种：一是通过观察窗利用液视镜检查；二是根据接收器或干燥器的入口管路和出口管路之间的温度差来判断。如果剂量不足应及时加注。

⑩空调的空气净化器应定期更换，空调系统每工作 3 个月或行车 5 000 km 应更换一次空调滤清器。

四、项目操作

1. 项目操作一：喇叭检查

起动发动机，在方向盘转动一周的同时按喇叭垫，检查喇叭是否发声，音量和音调是否稳定，如图 4 - 27 所示。

图 4 - 27　喇叭检查

喇叭信号系统检查与维护

注意：没有必要检查配备空气囊的车辆的整个方向盘。有些车型上只装一个喇叭，现阶段轿车上多数装有高低音调的两个喇叭。

2. 项目操作二：风窗玻璃喷洗器检查

步骤一：检查玻璃清洗液壶内的清洗液，液位必须达到工作要求。

步骤二：起动发动机，检查风窗玻璃喷洗器喷洒压力是否足够（在发动机关闭时，蓄电池的电量难以提供足够的喷洒动力）。

如果车辆配备有风窗玻璃喷洗联动刮水器功能，检查刮水器是否协同工作。

步骤三：检查喷洗器的喷洒区是否集中在风窗玻璃刮水器工作范围内，必要时进行调整，如图 4 - 28 所示。

图4-28 喷洗器喷洒区检查

注意：如果风窗玻璃刮水器开动时无喷洗液喷出，则刮水器电动机有可能被烧坏，或连接管路接头松动或损坏。

3. 项目操作三：风窗玻璃刮水器工作检查

步骤一：起动发动机，打开风窗玻璃刮水器开关，检查每一只刮水片是否正常工作，刮水器开关挡位如图4-29所示。

电动刮水器检查与维护

图4-29 风窗玻璃刮水器开关挡位

步骤二：检查各个挡位刮水器功能，包括Lo（慢）、Hi（快）、间歇频率调整功能（对于间歇频率可调车辆，需要检查调整功能是否有效）、去雾功能（把开关转到"雾"位置，刮水器工作）。

步骤三：停止位置检查。检查当风窗玻璃刮水器开关关闭时刮水器是否自动停在其停止位置，即检查刮水片静态位置，用直尺测量刮水片与风窗玻璃接触位置到落水槽盖板的距离（不同车型要求的停止位置也不同），如图4-30所示。

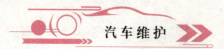

图 4 – 30　风窗玻璃刮水器停止位置测量

步骤四：刮刷效果检查。喷洒喷洗液，检查风窗玻璃刮水器刮刷效果，如图 4 – 31 所示。

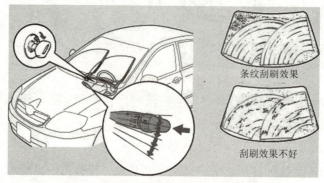

条纹刮刷效果

刮刷效果不好

图 4 – 31　风窗玻璃刮水器刮刷效果检查

注意：为防止划破风窗玻璃，在使用风窗玻璃刮水器前要喷洒喷洗液。

4. 项目操作四：刮水片的更换

刮水片可分为有骨刮水片和无骨刮水片。现今，大部分车辆用的刮水片都是无骨刮水片。现以大众宝来轿车刮水片更换过程为例介绍。

步骤一：将刮水臂运行至"保养/冬季位置"，在点火开关关闭后 10 s 内将风窗玻璃刮水器操纵杆运行至"点动刮水"位置。

步骤二：向上拉起刮水臂。为了防止刮水臂下落砸到风窗玻璃，操作前可以在风窗玻璃上放置一块大毛巾。

步骤三：按下按键，沿箭头方向从刮水臂中拉出刮水片固定件，如图 4 – 32 所示。

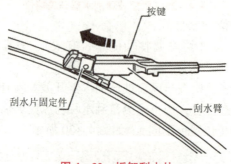

按键

刮水片固定件　　　刮水臂

图 4 – 32　拆卸刮水片

步骤四：将新的刮水片固定件推入刮水臂中，直至听到卡止的声音（按键需牢固地嵌入刮水臂中）。

步骤五：小心将刮水臂放回到风窗玻璃上。

步骤六：将刮水臂运行到停止位置。

注意：多数车型的驾驶员侧和副驾驶侧的刮水片长度不同（驾驶员侧长一些），切不可混淆装配。

5. 项目操作五：空调制冷剂量检查

（1）通过观察窗检查空调制冷剂量

通过观察窗观察制冷剂的流量，并检查制冷剂的量。此项检查最好两人配合进行，一人在驾驶室内操作，另一人在车辆前部进行观察。

步骤一：起动发动机，使其转速达到 $1500r \cdot min^{-1}$。

步骤二：鼓风机速度控制开关处于"高"位，打开 A/C 开关，温度控制设为"最凉"，完全打开所有车门。

步骤三：空调系统运行 3~5 s 时，观察观察窗内部气泡状况，如图 4-33 所示。若观察窗内只剩少量气泡，说明空调系统内的制冷剂量正常；如果还有大量气泡，说明空调系统内制冷剂量不足；如果无气泡，说明空调系统内制冷剂量过量或无制冷剂。

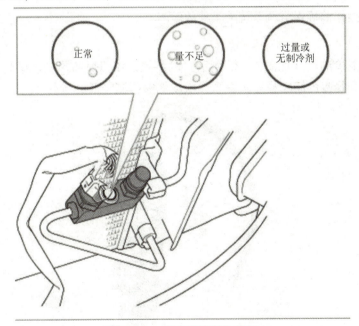

图 4-33 视窗观察气泡状况

2. 通过歧管压力表检查空调制冷剂量

使用仪器对空调系统进行操作时，注意防护（佩戴护目镜和手套），防止冻伤。

步骤一：完全关闭歧管压力表的低压侧和高压侧的阀门。

步骤二：蓝色软管接低压侧，红色软管接高压侧，如图 4-34 所示。

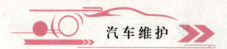
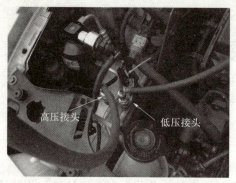

图 4 - 34　歧管压力表的连接方法

注意：连接软管时不要接反；不要使用任何工具紧固软管；如果加注软管的连接密封件损坏，则需要更换。

步骤三：起动发动机，在空调运行时检查歧管压力表所显示的压力。

步骤四：观察两个表的显示数值，两侧压力必须符合维修手册标准（不同车型，空调系统压力值不尽相同）。

步骤五：如果压力测量值低于标准，应该补充制冷剂；如果压力测量值高于标准，应释放掉部分制冷剂。

注意：在操作前确保空调系统无其他故障。

6. 项目操作六：空调系统泄漏检查

制冷剂泄漏检测仪（如图 4 - 35 所示）的特点是用闪烁和蜂鸣音检查泄漏，越靠近泄漏区域，闪烁和蜂鸣的间隔越短，提高灵敏度能够检测轻微的泄漏。

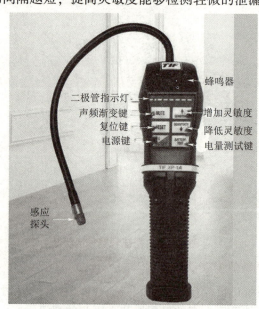

图 4 - 35　制冷剂泄漏检测仪

利用制冷剂泄漏检测仪检查泄漏部位的方法如下：

步骤一：发动机停止运转。

步骤二：将泄漏检测仪置于管道较低一侧，并沿着管道周围移动实施检查，要轻微地震动管道，会有较好的效果。

步骤三：如果有制冷剂泄漏部位，那么到泄漏部位时，蜂鸣器会发出报警声，同时二极管指示灯也会闪亮。

7. 项目操作七：空调滤清器更换

不同车型的空调滤清器安装位置不同，有的车型安装在车辆排水槽右侧，有的车型安装在车辆副驾驶侧杂货箱内部或下部。具体更换方法以车辆维修手册为准。下面以安装在排水槽右侧的空调滤清器更换为例介绍。

检查与更换空调滤芯

（1）拆卸

步骤一：从排水槽盖板右侧向上提起橡胶密封条至车辆中间位置。

步骤二：拧出螺钉，取出排水槽盖板，如图 4-36 所示。

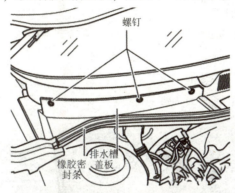

图 4-36 取出排水槽盖板

步骤三：沿箭头方向压下空调滤芯壳体的固定卡子 A，如图 4-37 所示。向上提出带框架的空调滤清器，从框架中取出空调滤清器。

图 4-37 取出空调滤芯壳体

（2）安装

步骤一：按箭头所示，把左右边框插入新的空调滤芯的第一个薄片中，如图 4-38 所示。

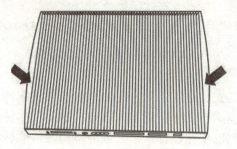

图 4 – 38　安装空调滤芯

步骤二：将带边框的空调滤清器插入进风口中，向下压带框架的空调滤清器，使其到达止位。

步骤三：装上排水槽盖板，用螺钉紧固。

步骤四：压入橡胶密封条。

8. 项目操作八：检查空调出风口温度

打开空调，将空调风量开至最大，温度调至最低，出风模式选择对人体直吹，循环调至内循环状态，用红外温度计或其他温度计检测空调出风口温度，如图 4 – 39 所示，出风口温度越低越好，应以车辆维修手册为准。

图 4 – 39　测试空调出风口温度

五、知识拓展——空调维护注意事项

空调系统的维护是十分重要的工作，有许多注意事项。

①空调保养期间必须保证足够的新鲜空气输入或持续清洁室内空气，防止窒息。

②对空调进行保养工作时需要戴好护目镜，防止冻伤。

③空调维修期间不允许吸烟，不允许焊接，温度大于 50 ℃时会分解出有毒气体。

项目五

车身维护

任务一 车身附属部件维护

1. 了解车身附属部件有哪些；
2. 掌握车身附属部件的作用；
3. 掌握车身附属部件检查方法。

能力目标

能够完成车身附属部件检查操作。

任务导入

一辆轿车行驶了 40 000 km，车主最近发现汽车行驶过程中，车身部位有异响，特别是在颠簸路面行驶时，异响尤为严重，于是将汽车送至维修企业。维修技师通过初步检查，发现车身附属部件有几处松动。你知道车身附属部件有哪些吗？哪些部件需要维护检查？如何操作？

知识学习

一、发动机盖

轿车发动机舱一般位于车辆的前部。发动机舱盖不但可以保持车辆的美观，同时还关系到车辆的行车安全。比如发动机舱盖的锁扣如果松动，就会造成发动机舱盖关闭不严，影响行车安全。发动机舱内侧的护板、隔热板材料和发动机舱盖内侧隔音棉的使用状况，也会造成车辆噪声的改变和舒适性的下降。因此，要定期检查发动机舱的情况。

二、行李箱

对于大多数车主来说，行李箱平时只是用来存放备胎、杂物等的舱室，绝大部分时间不会去注意它。其实行李箱同时也是车辆整体通风装置的组成部分，如果出现舱盖变形和紧固件松动等现象，就会影响到车辆的正常使用，因此，要定期对行李箱进行检查。

三、车门

车门是车辆的驾乘人员上下车辆的通道，可以隔绝车外干扰，在一定程度上减轻侧面撞击。

车门铰链与限位器都是车身的重要部件，这两个部件的主要任务是完成车门和车身的连接。铰链的作用是固定车门，是车门与车身的连接机构。

限位器的作用是限制车门打开的程度。一方面它可以限制车门的最大开度，防止车门开得过大；另一方面，它可在需要时使车门保持开启，如车辆停在坡道上或风速较小时，车门也不会自动关上。常见的车门开度限位器是单独的拉带式限位器，也有车型将限位器和门铰链制成一体，通常在车门全开和半开时具有限位功能。

在对车辆维护的过程中，必须定期检查车门。

四、座椅

座椅为车辆的驾乘人员提供便于操作、舒适安全的驾驶和乘坐位置。座椅必须安全可靠，应有足够的强度、刚度与耐久性。为满足驾乘人员舒适性所设的各种调节机构，要有可靠的锁止装置，以确保安全。

由于车辆的座椅直接影响驾乘人员的安全和舒适度，因此，紧固、检查、调整座椅，对确保车辆的使用性能和行车安全非常必要。

五、安全带

1. 安全带作用

安全带是被动安全装置，又可以称为座椅安全带，是驾乘人员约束装置的一种。它可以在碰撞时对驾乘人员实现约束，避免碰撞时驾乘人员与转向盘及仪表板等发生二次碰撞，避免碰撞时冲出车外导致死伤，因此行车时驾乘人员必须正确系好安全带。

安全带是公认的最廉价也是最有效的安全装置，很多国家是强制装备安全带的。

调查数据显示：在一次可能导致死亡的车祸中，安全带的使用可使车内人员生还的概率提高60%；发生正面撞车时，系了安全带可使死亡率降低57%；侧面撞车时，可使死亡率降低46%；翻车时可使死亡率降低82%。因此，必须定期检查安全带的使用性能。

2. 安全带构成

汽车安全带使用最为广泛的类型为三点式，在各种安全带中，它是实用性、舒适性以及乘员约束性结合得相当好的安全带形式。安全带一般由安全绳、缓冲器、速差自控器、自锁器、系带、连接器和调节器组成。

（1）安全绳

安全绳是在安全带中连接系带与挂点的绳（带、钢丝绳）。安全绳一般起扩大或限制佩戴者活动范围、吸收冲击能量的作用。

（2）缓冲器

缓冲器是串联在系带和挂点之间，发生坠落时吸收部分冲击能量、降低冲击力的部件。

（3）速差自控器（收放式防坠器）

速差自控器是安装在挂点上，装有可伸缩长度的绳（带、钢丝绳），串联在系带和挂点之间，在坠落发生时因速度变化引发制动作用的部件。

（4）自锁器（导向式防坠器）

自锁器是附着在导轨上、由坠落动作引发制动作用的部件。该部件不一定有缓冲能力。

（5）系带

系带是人体坠落时支撑和控制人体、分散冲击力，避免人体受到伤害的部件。系带由织带、带扣及其他金属部件组成，一般有全身系带、单腰系带、半身系带。

（6）连接器

连接器具有常闭活门的连接部件，该部件用于将系带和绳或绳和挂点连接在一起。

（7）调节器

调节器是用于调整安全绳长短的部件。

无论哪种安全带，都应可靠有效，安装位置应合理，固定点应有足够的强度。乘用车还应装备驾驶员汽车安全带佩戴提醒装置。当驾驶员未按规定佩戴汽车安全带时，应能通过视觉或声觉信号报警。

3. 安全带使用

①经常检查安全带的状态，有损坏应立即更换。

②安全带要尽量系在髋部和胸前，应该横跨在骨盆和胸腔之上形成一个水平放置的 V 字。一条安全带只能供一个人使用，严禁双人共用。不要将安全带扭曲使用。

③系安全带时不要让其压在坚硬易碎的物体上，如口袋里的手机、眼镜、钢笔等。

④座椅上无人时，要将安全带送回卷收器中，使安全带带扣置于收藏位置，以免在紧急制动时带扣撞击其他物体。

⑤不要让座椅背过于倾斜，否则会影响安全带的使用效果。安全带带扣一定要扣好，防止受外力时脱落而不能起到保护作用。

六、项目操作

座椅安全带检查与维护

1. 项目操作一：座椅安全带（在各门位置）检查

步骤一：起动车辆，检查仪表板上的安全带提示灯及安全带报警装置是否正常工作。

步骤二：用手慢慢拉动安全带，查看安全带能否被拉出。

步骤三：将安全带带扣插入锁舌，检查带扣能否被锁止；再按下锁舌上的断开按钮，检查带扣能否迅速脱开与锁舌的连接。

步骤四：松开安全带，检查安全带能否自动收回；用手猛拉安全带，看安全带能否立即锁止。

步骤五：检查 B 柱两侧安全带高度调节装置的使用情况，查看安全带高度调节装置能否上下移动；检查完毕后，恢复到原来的高度位置。

步骤六：检查安全带下端固定螺栓的紧固情况。

2. 项目操作二：座椅（在各门位置）检查

步骤一：晃动座椅，检查座椅固定情况是否良好。如果座椅有松动现象，可紧固座椅底座固定螺栓。

步骤二：扳动座椅前、后调整手柄，检查座椅前、后位置滑动调整是否轻便；松开调整手柄，再前后移动座椅，检查座椅在滑道上的固定情况是否良好。

步骤三：检查并调整座椅上、下高度和倾斜度。

步骤四：转动座椅靠背倾斜调整旋钮，检查靠背调整情况；松开调整旋钮，检查靠背定位情况。有的车型具有腰部调节功能，还要检查腰部调整是否正常。

步骤五：检查靠背上头枕的调整情况，头枕的角度调整和高度调整都应正常。

3. 项目操作三：车门（各个车门）铰链及限位器检查

车辆外部连接检查

步骤一：车门开到最大角度，检查车门限位拉杆情况。

步骤二：检查车门铰链连接状况。检查时抓住车门外把手，双手轻微晃动几次车门，检查车门铰链与限位器是否有噪声及松动。如果螺钉松动，则需要紧固螺钉，如果有噪声，则需要加注润滑脂。

步骤三：将车门开至各个限位位置（一般家用轿车，车门开启位置有三个及以上），观察车门能否停止。

步骤四：关上车门，检查车门锁扣是否能够锁好，车门扣合后位置是否适当；再按压车门，检查是否有间隙。

步骤五：检查后车门儿童锁（如图 5-1 所示）的工作状况，当儿童锁起作用时，从车内不能打开车门，但从车外能打开车门。

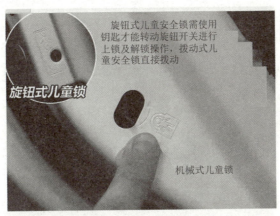

图 5-1　儿童锁

4. 项目操作四：发动机盖检查

步骤一：检查发动机盖锁，确认发动机盖能正常打开及完全关闭并锁止。

步骤二：检查发动机盖铰链连接状况，螺栓、螺母是否松动。

步骤三：关闭发动机盖，观看其是否关闭严密，各处缝隙是否均匀。如果有关闭不严或某处的缝隙不均匀，应进行调整。如有噪声，应涂抹润滑脂。

5. 项目操作五：行李箱门检查

步骤一：打开行李箱盖，晃动行李箱盖，检查铰链连接的螺栓、螺母有无松动，检查行李箱盖的固定情况是否牢固。

步骤二：检查备胎固定装置的状况，检查随车工具及安全警示牌是否齐全。

步骤三：检查行李箱密封胶条是否正常。

6. 项目操作六：燃油箱外盖检查

拉动燃油箱外盖开关，打开燃油箱外盖，检查燃油箱外盖铰链连接有无松动或损坏，确认燃油箱盖能完全关闭并锁止。

任务二 汽车外部美容维护

1. 了解车身污垢的种类和形成原因；
2. 掌握去除不同残留杂物的施工方法及注意事项；
3. 了解车身塑料件维护方法；
4. 掌握汽车外部清洗方法；
5. 掌握车蜡的分类，以及手工上蜡的操作流程和注意事项。

能力目标

1. 能够清除车身树胶、鸟粪等污物；
2. 能够进行车身塑料件清洁护理；
3. 能够完成车身外部清洗；
4. 能够进行漆面手工打蜡。

任务导入

一辆新车，车主发现最近汽车表面经常有污垢出现，而且很难清理，于是将汽车送至维修企业。维修技师通过初步检查，发现汽车表面污垢是树木的油脂，需要细心处理，否则将影响漆面。你知道汽车外部美容维护项目都有哪些吗？如何操作？

知识学习

一、车身表面污垢

1. 车身表面污垢的形成

汽车车身表面的污垢主要是由尘土和泥水引起的，一些泥沙和油污也容易溅洒到车身上，它们再黏附一些尘土和污物，就会使车身变得越来越脏。尘埃黏附过程大体可分三个阶段，即尘土扩散、传播和颗粒分离。污垢程度以每平方厘米面积上的污物毫克数来度量。

2. 车身表面污垢的种类

车身表面污垢包括外部沉积物、附着物、水渍等，它们往往具有很高的附着力，牢固地附着在车身表面。由于这些污垢各有自己不同的性质，因此清除它们的难易程度也不同。

（1）外部沉积物

外部沉积物可以分为尘埃沉积物和油腻沉积物。大气中经常含有一定数量的尘埃，在运动着的汽车附近，当尘埃的颗粒度为 $5 \sim 30$ mm 时，其含量就会达至 0.05 g·m^{-3} 左右。当尘埃颗粒的含量增加时，它在金属表面的凝聚和沉积就会加快。在潮湿的空气中，由于

吸附在车身表面的水膜会提高尘粒间的附着力，因此使尘粒加速凝聚。其附着在车身表面上的牢固程度主要取决于表面的清洁程度、尘粒的大小和空气的湿度。而油腻沉积物，是由于污泥和尘埃落到被润滑油污染的车身表面上而形成的；也可能相反，是由于润滑油落到了被污泥所污染的车身表面上，此时润滑油浸透了污泥并附着在车身表面。

（2）附着物

汽车在行驶中，容易沾上不同的附着物，如柏油、鸟粪（如图5－2所示）、虫尸等。这些附着物能牢固地粘在车身表面，一般很难用水清洗干净，要用有机溶剂去除。并且这些附着物在车身表面停留时间过长，会侵蚀到车漆的内部，甚至会对车身的基材造成损害，所以遇到这些附着物一定要及时清除掉。

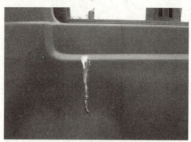

图5－2　车门上的鸟粪

还有一种附着物是车身与其他物体相互剐蹭而附着的，如图5－3所示。它可能会对车身的漆面和基材造成损害，只有专业的美容技师才能处理。

图5－3　剐蹭附着物

（3）水垢

由于落到车身表面的水滴中含有颜料、化学溶剂等会损坏漆面的物质，时间长了水分蒸发干了，就会在车身上形成很难去掉的水垢。有些水垢甚至会浸透到车漆里，威胁到车身钢板。车身打蜡过度，或蜡的质量不好，融化后也会形成难以去除的水垢。

二、车身塑料件损伤

车身塑料件损伤以老化为主，多表现为表面褪色、出现裂纹、容易断裂等。车身外部的塑料饰条，不但起到美观的作用，而且可以保护蒙皮和汽车。因为它处在车身最外的边缘部分，首先受到剐蹭的就是它。饰条被剐蹭后，会产生划痕、附着污物，如图5－4所示，严重的甚至会变形。

图5－4　受到剐蹭的饰条

三、车辆外部清洗

汽车车身工作环境复杂，不但要经受日晒雨淋、石击、冰雪、严寒、炎暑这样多变环境条件的影响，而且行驶中经常接触化学药品、酸、碱、盐等腐蚀性物质，使车身表面被碰撞划伤，材料老化，甚至被腐蚀，再加上不正确的保养护理，更降低了汽车车身的使用寿命。一辆外表脏污的汽车，不仅破坏汽车的美感，影响观者的心情，而且也直接影响着乘客的乘坐舒适性和健康。所以汽车车身要定期进行专业的清洗和保养，保持汽车外部的美观，延长汽车的使用寿命，提高驾驶安全性。

1. 个人防护用品

个人防护用品指为防止一种或多种有害因素对自身的直接危害所穿用或佩戴的器具的总称。个人防护用品的正确使用，可以保证工作人员避免生产过程中的直接危害，对工作人员的身体健康及生命安全都起着重要的作用。因此，要根据工作性质的不同，合理佩戴个人防护用品。

①棉布工作服：用天然植物纤维织物制作，具有隔热、耐磨、扯断强度大、透气的特点。

②工作帽：保护工作人员头部，防止工作人员头发过长或掉落，对操作施工产生影响。

③防护眼镜：保护眼部，防止飞屑、尘粒、化学物质等伤害眼部。防护眼镜的质量一定要好，否则眼镜受到冲击损坏，会对眼睛造成更为严重的二次伤害。

④防护口罩：防止烟雾、化学物质、有毒气体吸入肺部。它有防尘口罩和防毒面具之分，烟尘严重的环境佩戴防尘口罩，有溶剂挥发的环境佩戴防毒面具。

⑤手套：防止手部伤害，有皮手套、线手套、防水手套、耐溶剂手套等。

⑥安全鞋：保护脚部，有防滑、绝缘、防砸、耐溶剂、防水、抗高压等作用。

汽车美容行业经常接触各种清洁剂等液体，基本的防护用品一定要准备齐全，防水鞋、防水手套等是必不可少的。同时还要有规范的工作服，并要求工作服上不能有尖锐的饰物，防止刮坏车身涂层。进行底盘装甲操作时会有胶粒喷出，所以要佩戴防护眼镜和防护口罩等。

2. 车身清洗液

好的清洗液呈中性，含阴离子表面活性剂，能同时达到去除车身静电、油污和涂膜保养的多重目的，是一般民用洗涤剂无法替代的，如图 5-5 所示。使用方法要按照使用说明，绝大多数的清洗液要求跟水按一定的比例混合使用，根据车身污垢程度的不同随时调整混合比例。

图 5-5 清洗液

（1）清洗液的除渍原理

清洗液除渍是一个比较复杂的过程，一般认为水基清洗液主要通过"润湿—吸附—悬浮—脱（冲）落"等不断循环的过程来除去被清洗物

体表面污渍。

①润湿作用。当清洗液与被清洗物体表面上的污渍接触后，污渍及其空隙被清洗液湿润，二者充分接触，使污渍与被清洗物体表面的结合力减弱，于是污渍松动。

②吸附作用。清洗液中的电解质形成的无机离子吸附在被清洗物体表面污渍的质点上，改变对污渍质点的静电吸引力。清洗车身表面时，既产生物理吸附作用（分子间相互吸引），又有化学吸引作用（类似化学键的相互吸引）。

③悬浮作用。经过清洗液的润湿、吸附作用，被清洗物体表面上的污渍质点脱落，悬浮于水基清洗液中。

④脱（冲）落作用。水基清洗液通过流动，将已悬浮于被清洗物体表面上的污渍冲离该物体表面。

（2）清洗液的主要成分

车身表面清洗液的主要成分有以下几类：

①表面活性物质：也称表面活性剂或界面活性剂，是一类能显著降低液体表面张力的物质，常用的表面活性物质有油酸、三乙醇胺、醇类、合成洗涤剂等。

②碱性电解质：即在水溶液中能电离出金属离子的化合物，在汽车清洗中常见的是弱碱性的水溶液，主要有碳酸钠、水玻璃、磷酸盐等。

③溶剂：作为清洗工作介质的主体，既能溶解表面活性物质等添加剂，也能共同对污渍起化学反应，从而达到清除污渍的目的。溶剂主要有两种类型：一种是油基溶剂类，如煤油、松节油、溶剂汽油等；另一种是水基溶剂类，主要是水，它应用得最多。

④摩擦剂：用以增加与被清洗物体表面的接触和摩擦的物质，如硅藻土等。

3. 清洁的工具和设备

（1）手工清洗工具

手工清洗工具包括喷水壶、刷子、毛手套等。

①喷水壶：盛放调配好的清洗液，用于遗漏部位，以及车轮和保险杠等难清洗部位。

②刷子：用于车身橡胶饰条，以及车轮和保险杠等难清洗部位。

③毛手套：用于喷涂清洗液后擦拭车身，便于去除油污，不伤涂膜，如图5-6所示。

图5-6 毛手套

（2）手工擦拭工具

手工擦拭工具包括刮水板、鹿皮、毛巾、甩干桶等。

①刮水板：用于去除车身水分，方便快捷，不损伤涂膜，如图5-7所示。

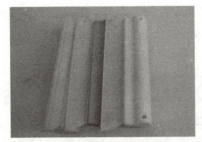

图 5 - 7　刮水板

②鹿皮：用于玻璃的精细擦拭，吸水性强，如图 5 - 8 所示。

图 5 - 8　鹿皮

③毛巾：用于车身擦拭，吸水性好，不掉纤维，不伤涂膜，如图 5 - 9 所示。

图 5 - 9　毛巾

④甩干桶：快速甩干鹿皮、毛巾以及清洗后的脚垫等。

（3）洗车机

移动式洗车机主要由电动机、水泵、管路、喷枪等组成。电动机通过弹性联轴器或传动带直接驱动柱塞泵。水泵由壳体、曲轴、柱塞以及进、出水口、压力表等组成。水泵出水口经胶管与喷枪相连，喷枪由枪体、手柄、扳机及喷嘴等组成。喷嘴有一般喷嘴和喷水枪两种。通过喷枪的尾部可以调节出口水流的形状，常见水流有柱状和雾状两种。喷嘴有扇形和圆形。柱状水流或圆形喷嘴，水流冲击力强，可以除去汽车轮胎及底盘上的干涸泥土。扇面状水流或扇形喷嘴，水流覆盖面积大，除污效率高，适于去除车身上的一般污渍。

（4）泡沫机

泡沫机是利用机体内高压空气（一般通过外界注入），将其中的清洗液经过连接的管道压出，并喷射于待清洗物体的表面。泡沫机的结构比较简单，一般由压力罐及一组阀门组成，如图 5 - 10 所示。

图 5 – 10　泡沫机

4. 车身清洗的注意事项

（1）注意水质

在汽车清洗作业中水源的质量往往容易被忽视，用质地较差的水清洗车身表面，不但不能起到清洁作用，相反还会对涂膜造成损害。洗车作业用水要求清洁无污垢，严禁使用未经过滤或受污垢的水源，以免影响清洗效果，或对汽车外表产生损伤。在通常情况下，只要使用自来水或符合标准的循环水就基本符合要求。

根据可持续发展战略，为了节约城市用水，在用水清洗车辆时必须配置循环水设备。但使用循环水设备之后水的质量将直接关系到汽车的清洗质量，因此，为了真正能使洗车污水经处理后达到可再循环使用的程度，关键要解决处理后的水质标准问题。第一，对于汽车清洗，尤其是采用高压水清洗汽车时，对车身表面危害最大的是水中的固体悬浮物。水中固体悬浮物在高压力的夹带下，会对汽车涂膜造成一定的损伤。第二，如果水中的矿物油含量过多，也将在车身表面形成污垢。第三，为了防止对车身表面的腐蚀，水源的 pH 值应保持在 6~8。第四，从保护人体健康的角度出发，水中细菌的总数也应当控制在一定范围之内。第五，色度、臭味这些水感指标，也要求达到合格标准，不能使人有不快感。为此，在国家标准《城市污水再生利用城市杂用水水质》（GB/T 18920—2020）中对洗车用水的水质标准做了详细规定。应当说，污水经处理后，只要符合国家标准，就完全能放心地用于清洗车辆了。

（2）注意清洗液

严格来说，使用的清洗液应为中性，也就是说 pH 值为 7，或者稍偏碱性。因为中性的清洗液不但能保护车身涂膜，还不会损伤工作人员的皮肤；同时车身污垢大部分呈酸性，所以清洗液可以稍显碱性。目前，有些洗车店仍在使用洗衣粉等生活用或工业用的洗涤剂洗车，轻者会使涂膜失去原有光泽，重者涂膜被严重腐蚀，局部产生变色、干裂，还会加速局部涂膜脱落部位的金属腐蚀。

（3）注意清洁工具

清洁时，应根据清洁部位的不同选用不同的清洁工具，各个不同部位的清洁工具不得混用。当清洁车身涂膜时，应该使用干净柔软的毛巾或鹿皮，切不可使用硬质的清洁工具，以免在涂膜上留下擦伤痕迹。清洁车身下部和轮胎等部位，要用专用工具及水桶。许多人洗车喜欢用一些旧毛巾或劣质毛巾，殊不知旧毛巾和劣质毛巾上的纤维容易脱落，有的劣质毛巾由于过薄，针织密度很小，也容易损伤涂膜。此外，这些毛巾晒干后会变得很硬，用来擦车也会造成涂膜划痕。

（4）注意工作环境

不要在阳光照射下洗车。有些不规范的洗车店由于场地的限制，到了夏季就直接在烈日下洗车，而且根本不等待发动机冷却。在这种状况下进行汽车清洗作业时，车身上的水分很快被蒸发，车身上原来的水滴会留下许多斑点，影响清洗效果。由于夏季环境温度本身很高，再加上汽车在行驶后发动机温度更高，此时直接洗车会使汽车发动机提前老化。此外，在烈日下洗车，还会产生透镜效应。所谓透镜效应是指当车表涂膜上存有小水滴时，由于水滴呈扁平凸透镜状，在阳光的照射下，这些小小的水滴对日光有聚焦作用，焦点处的温度会高达 800～1 000 ℃，从而导致涂膜被灼蚀，出现肉眼所看不见的小孔洞，这些小孔洞有的还会深达金属基材。当涂膜由于透镜效应被灼伤，或灼伤的范围较大时，一些分布密度较高的涂膜就会出现严重的失光。所以在夏季，洗车打蜡一定要在有遮蔽的环境下进行。

此外，进入冬季，不要在寒冷的环境中洗车，以防水滴在车身上结冰，造成涂膜破裂。北方严寒季节洗车应在室内进行，车辆进入工位后，先停留 5～10 min，然后冲洗。

（5）注意洗车时机

如果天气一直晴好，车身没有特殊的脏污时，大约一周做一次全车清洗工作即可。连续雨雪天时，用湿布或湿毛巾擦拭全车所有的玻璃即可，等到天气放晴之后，一并全车进行一次清洗。

四、漆面手工打蜡

1. 车蜡种类

车蜡按作用的不同可以分为保养蜡、修护蜡、综合蜡。

①保养蜡（如图 5-11 所示）能均匀地渗透到漆面的细小空隙中，使漆面上多了一层保护膜，可以隔绝紫外线、灰尘、油烟以及其他杂质，保持漆面的光泽和持久性。

图 5-11　手工蜡

②修复蜡主要是在蜡中加入氧化铝、碳化硅等研磨成分，能够修复漆面上的划痕，但是同时漆面也会变薄。

③综合蜡是将修复蜡和保养蜡综合在一起，可以将抛光和保护一次完成，如常听到的三合一美容蜡等。

2. 车蜡选择

市场上车蜡种类繁多，分类标准也是五花八门，由于各种车蜡的性能不同，其作用效果也不一样，所以在选用时必须要慎重，选择不当不仅不能保护车体，反而会损伤车漆，甚至使车漆变色。

选择车蜡时，一般要根据车蜡的作用特点、车辆的新旧程度、车漆颜色及行驶环境等因素综合考虑。

①对于高级轿车，可选用高档车蜡。

②对于普通车辆，用普通的珍珠色或金属漆系列车蜡即可。

③新车最好用彩涂上光蜡以保护车体的光泽和颜色。

④夏天宜用防紫外线车蜡。

⑤行驶环境较差时则用保护作用突出的树脂蜡比较合适。

⑥选用车蜡时还必须考虑与车漆颜色相适应。一般深色车漆选用黑色、红色、绿色系列的车蜡，浅色车漆选用银色、白色、珍珠色系列的车蜡。

五、项目操作

1. 项目操作一：车身表面污染物的清除

使用火山泥去除车身上的颗粒状顽固污染物，如图 5-12 所示。

图 5-12　去除铁粉

沥青、重油脂、蜡质等化学异物，是最让人头疼的车身污染物，擦不掉、洗不掉，弄不好会越来越严重，处理不好甚至会把漆面弄坏，因此应使用专用的脱脂溶剂清洗，如图 5-13 所示。

图 5-13　去除沥青

2. 项目操作二：车身塑料件清洁护理

车身塑料件要使用专用的塑料清洁剂进行清洁，干燥后在表面涂抹塑料保养剂并擦匀。

步骤一：先用 P240 砂纸将划痕打磨掉。

步骤二：如果损伤部位严重，可以刮涂塑料腻子填平损伤。

步骤三：用 P400 砂纸将饰条全部打磨。

步骤四：清洁并除油。

步骤五：对饰条相邻的部位进行遮护。

步骤六：均匀地喷涂两遍合适颜色的手喷漆，等油漆干燥后撤除遮护。塑料饰条划痕修复后如图 5-14 所示。

若饰条发生断裂等特别严重变形的情况，只能更换新件。

图 5-14　塑料饰条划痕修复后

3. 项目操作三：车身清洗

步骤一：车身表面检查。

①在汽车进行美容操作前，一定要检查车身损伤，做好记录工作，如图 5-15 所示。尤其是当客户要给汽车贴膜或对内饰、玻璃等部位进行美容装饰时，发生的费用会比较高，为了避免与客户之间产生不必要的误会，做好记录就显得非常重要；同时还可以保留客户记录，便于以后的联系和沟通，提高自身的规范程度。

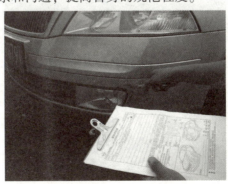

图 5-15　仔细检查，做好记录

②仔细检查车门、车窗等部位是否关严，如图 5-16 所示。车门、车窗、行李箱盖等部位是否关严一定要仔细检查，否则洗车时高压水流会通过未关严的缝隙进入驾驶室内，有可能会造成严重的后果（真皮座椅、电子元件等被损坏）。

图 5 – 16　车窗没有关严

步骤二：相关设备的准备与调整：

①泡沫机的加液与调整：

a. 按比例加水和清洗液，如图 5 – 17 所示。

图 5 – 17　加清洗液

b. 调整气压。打开空气阀，将泡沫机的进气压力调整到 2～4 kPa，如图 5 – 18 所示。在此段压力范围内泡沫喷出的效果最好，压力过低吹不出泡沫，压力过高会把泡沫吹得到处都是，造成不必要的浪费。

图 5 – 18　调整进气压力

②高压水枪水流的调整：

a. 洗车水压的要求。接通水源和电源后，打开洗车机，调整高压水枪的水流形状，使水压达到要求。洗车时的水压没有绝对的数值要求，我们也无法准确地判断，只要能把污物冲掉同时还不会损坏涂膜和其他车身零件就可以。一般来说，车身预冲洗时水压要高一些，二次冲洗时水压要适当调小。由于高档汽车的涂膜和车身零件质量要好于低档汽车，因此冲洗时可以适当调高水压；当清洗微型汽车等低档车辆时，尽量调低水压，否则很容易会把涂膜冲掉。

b. 水压的调整。现在市场上大部分高压水枪水压的调整要人为来进行，调整方法有两种：一种是通过改变枪嘴与被喷淋物之间的距离，距离近压力高，距离远压力低；另一种是通过改变水流的形状来调整，扇形大压力小，扇形小压力大。具体使用哪种方法，应根据实际情况灵活调整。

c. 水流形状的调整。柱状水流，水压高、冲力强，适合缝隙、污泥堆积严重的地方，如图 5-19 所示。大扇面状水流，冲洗面积大、水压低，适合外表淋湿和二次冲洗，如图 5-20 所示。

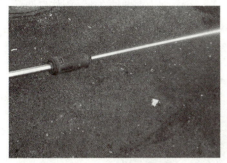 

图 5-19　柱状水流　　　　　图 5-20　扇面状水流

步骤三：车身预冲洗。

①车身预冲洗时一定要把水压适当调高。通过改变水枪与车身的距离来调整水压，初次冲洗时水枪的距离在半米左右，水流扇面形状在 15°~20° 为宜，缝隙和拐角等处用柱状水流。因为脏污的车身上会有大量的尘土和砂粒，通过各种方式牢固地黏附在车身上，水压小的话很难把它们冲洗掉，会为下一道工序埋下隐患。但是水压也不要调得太高，否则会损伤涂膜和其他零件。

②冲洗的顺序一定要遵循从上到下、从前到后的原则，从车顶到底盘，从发动机罩到行李箱盖仔细冲洗，不要放过任何一个缝隙和拐角等容易积存砂土的地方，如图 5-21 所示。车身通体均用高压水枪打湿，涂膜无大颗粒泥沙或污物后，才能确保下一步骤的顺利进行。

图 5-21　从车顶开始冲洗

③车轮上方的车身圆弧里，由于车轮滚动甩上来大量的泥沙和污物，一定要清洗干净，如图 5-22 所示。

图 5 - 22　车身隐蔽处要仔细清洗

步骤四：喷洒泡沫并擦匀。

①喷涂的泡沫要均匀、适量，喷洒泡沫的顺序也是按从上到下进行。喷完清洗液以后，戴上浸泡过的干净毛手套，轻轻将车身擦拭一遍，以便彻底去除顽固的油渍。用毛手套擦拭的部位是车身上有油漆的表面和汽车玻璃表面，如图 5 - 23 所示。

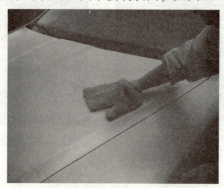

图 5 - 23　毛手套擦拭

②对于轮胎和门槛下缘等车体下面部位，一定要用专用的海绵或刷子单独清理，防止工具混用对车漆和玻璃造成意外损伤，如图 5 - 24 所示。

图 5 - 24　清洁轮胎和轮辋

步骤五：二次冲洗。

二次冲洗的目的是要把清洁液泡沫和污水完全冲掉。所以这时冲洗的水压不用过高，水流扇面在 30°~45°为宜，水枪距离仍然保持在半米左右，依然按从上到下、从前到后的顺序进行。当车身上的水自然流下时，呈现帘幕状，没有油珠的感觉，说明车身已经清洗干净了。

步骤六：擦干。

①车身清洁用的刮水板（如图 5-25 所示）是经过专业设计的，它就像风窗玻璃刮水器一样，能适应车身的不同流线，并且与车身表面的接触非常严密，使刮水操作快捷彻底，省时省力。

图 5-25 刮水

②用鹿皮精细擦拭。一定要仔细、彻底，不要忽略了车门、行李箱盖内边缘和门框等部位，如图 5-26 所示。

图 5-26 边角位置不要遗漏

③对于门缝、车窗密封条、倒视镜壳、油箱盖等部位用压缩空气辅助吹干，尤其是锁孔里的水分更要吹干净，如图 5-27 所示。在北方的冬季，经常会发生洗车后车锁被冻住而无法开、锁车门的事情，有时还会因为油箱盖打不开而无法加油。

图 5-27 吹干锁孔

4. 项目操作四：漆面打蜡

步骤一：上蜡。

将少量蜡挤在海绵上，保证每次处理的面积一定，不可大面积涂抹。上蜡时手的力度一定要均匀，用大拇指和小拇指夹住海绵，以手掌和其余三个手指按住海绵进行上蜡，如图 5-28 所示。

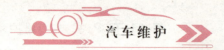

图 5 - 28　上蜡

　　上蜡操作时应按一定的顺序，一般从车顶开始，再到发动机罩、翼子板、车门，再到尾部，遵循先上后下的原则。蜡膜尽量做到薄而均匀，并且将车身上有漆面覆盖的表面都要涂抹。上蜡时可以按直线往复也可以按螺旋线的方式进行，但是不可把蜡液倒在车上乱涂。一次作业要连续完成，不可涂涂停停。

　　步骤二：褪蜡。

　　上蜡完成停留几分钟后用手工擦除或用抛光机将其打亮。手工擦拭时应先用手背感觉车蜡的干燥程度，以刚刚干燥而不粘手为宜。褪蜡时按上蜡的顺序进行就可以。手掌放平，垫上柔软的毛巾，掌心微用力，反复擦拭直到将蜡粉褪净，漆面明亮、光滑，如图5 - 29所示。

图 5 - 29　褪蜡

　　从侧面观察漆面光泽一致，没有未褪掉车蜡的地方。抛光机处理时应在车蜡完全干燥后再处理，转速控制在 $1\,000\ \text{r}\cdot\text{min}^{-1}$ 以下。

　　车身打蜡后，在车灯、车牌、车门和行李箱等处的缝隙中会残留一些车蜡，使车身显得很不美观。这些地方的蜡垢若不及时擦干净，还可能产生锈蚀。因此，打完蜡后一定要将蜡垢彻底清除干净，这样才能得到完美的打蜡效果。

参 考 文 献

[1] 杨智勇，郭大民．汽车维护［M］．北京：人民邮电出版社，2020.
[2] 毛峰，秦挽星．汽车维护与保养［M］．武汉：华中科技大学出版社，2017.
[3] 夏长明．现代汽车维护与保养［M］．北京：机械工业出版社，2018.
[4] 范爱民，张晓雷．汽车维护与保养［M］．北京：清华大学出版社，2015.

主　编　黄艳玲　郭大民　王立刚

北京理工大学出版社
BEIJING INSTITUTE OF TECHNOLOGY PRESS

工作活页一
项目一 任务三 汽车维修常用工具、测量仪器和设备的使用

任务名称	汽车维修常用工具、测量仪器和设备的使用	序号		日期	
学生姓名		学号		班级	
工作目标	能够完成常用工具、测量仪器和设备的使用操作				
工作内容	工具、测量仪器和设备使用				

一、资讯

分配到的工具、测量仪器和设备名称：

(1)

(2)

(3)

(4)

(5)

二、工作决策

选取以上工具、测量仪器、设备中的三个写出功用及使用注意事项。

1. 功用及使用方法

(1)

(2)

(3)

2. 注意事项

(1)

(2)

(3)

三、工作实施（选取工作部件进行操作，以实际工作过程记录）

四、工作自评与疑惑

1. 工作过程自评

　　□优秀　　□良好　　□中等　　□及格　　□不及格

2. 工作结果自评

　　□优秀　　□良好　　□中等　　□及格　　□不及格

3. 工作疑惑

五、工作评估（教师针对过程及结果评估）

1. 教师评语

2. 教师评分

　　□优秀　　□良好　　□中等　　□及格　　□不及格

教师签字：

工作活页二
项目二 任务一 润滑系统维护

任务名称	润滑系统维护	序号		日期	
学生姓名		学号		班级	
工作目标	完成润滑系统维护操作				
工作内容	机油及机油滤清器的更换				

一、资讯

实施工作的车辆信息。

车辆 VIN 码		行驶里程	
机油报警灯情况	□正常 □不正常		
车辆整体状况	□良好 □一般 □较差 □非常差		

二、工作决策

1. 所用工具和设备

2. 注意事项

三、工作实施（以实际工作过程记录）

1. 泄漏检查部位

2. 问题记录

3. 机油排放操作

4. 机油滤清器拆卸

5. 新品确认

（1）所选机油型号

（2）机油滤清器检查

6. 机油滤清器安装

7. 机油加注

8. 最终检查确认

四、工作自评与疑惑

1. 工作过程自评

　　□优秀　　□良好　　□中等　　□及格　　□不及格

2. 工作结果自评

　　□优秀　　□良好　　□中等　　□及格　　□不及格

3. 工作疑惑

五、工作评估（教师针对过程及结果评估）

1. 教师评语

2. 教师评分

　　□优秀　　□良好　　□中等　　□及格　　□不及格

教师签字：

工作活页三
项目二　任务二　冷却系统维护

任务名称	冷却系统维护	序号		日期	
学生姓名		学号		班级	
工作目标	完成冷却系统维护操作				
工作内容	冷却液更换				

一、资讯

实施工作的车辆信息。

车辆 VIN 码		行驶里程	
水温报警灯情况	□正常　　□不正常		
车辆整体状况	□良好　　□一般　　□较差　　□非常差		

二、工作决策

1. 所用工具和设备

2. 注意事项

三、工作实施（以实际工作过程记录）

1. 冷却液液位检查

2. 泄漏检查部位

3. 问题记录

4. 水箱盖检查

5. 水箱盖开启压力测试

6. 冷却液排放操作

7. 新品确认
（1）冷却液型号

（2）冷却液冰点检查

8. 冷却液加注

9. 最终检查确认

四、工作自评与疑惑
1. 工作过程自评
　　□优秀　　□良好　　□中等　　□及格　　□不及格
2. 工作结果自评
　　□优秀　　□良好　　□中等　　□及格　　□不及格
3. 工作疑惑

五、工作评估（教师针对过程及结果评估）
1. 教师评语

2. 教师评分
　　□优秀　　□良好　　□中等　　□及格　　□不及格

教师签字：

工作活页四

项目二　任务三　燃料供给系统维护

任务名称	燃料供给系统维护	序号		日期	
学生姓名		学号		班级	
工作目标	完成燃料供给系统维护操作				
工作内容	1. 空气滤清器更换； 2. 内置式燃油滤清器更换				

一、资讯

实施工作的车辆信息。

车辆 VIN 码		行驶里程	
燃油量表报显示情况	□正常　　□不正常		
车辆整体状况	□良好　　□一般　　□较差　　□非常差		

二、工作决策

（一）工作内容1

1. 所用工具和设备

2. 注意事项

（二）工作内容2

1. 所用工具和设备

2. 注意事项

三、工作实施（以实际工作过程记录）

（一）工作内容1

1. 空气滤清器拆卸

2. 空气滤清器检查

3. 问题记录

4. 空气滤清器清洁

5. 空气滤清器安装

6. 最终检查
    □正常   □不正常

（二）工作内容 2

1. 燃料供给系统泄压采取的方法

2. 燃料供给系统泄压操作

3. 燃油滤清器拆卸

4. 新品确认

5. 燃油滤清器安装

6. 最终检查

四、工作自评与疑惑

1. 工作过程自评
    □优秀   □良好   □中等   □及格   □不及格

2. 工作结果自评
    □优秀   □良好   □中等   □及格   □不及格

3. 工作疑惑

五、工作评估（教师针对过程及结果评估）

1. 教师评语

2. 教师评分
    □优秀   □良好   □中等   □及格   □不及格

教师签字：

工作活页五
项目二 任务四 点火系统维护

任务名称	点火系统维护		序号		日期	
学生姓名			学号		班级	
工作目标	完成点火系统维护操作					
工作内容	火花塞的检查与更换					

一、资讯

实施工作的车辆信息。

车辆 VIN 码		行驶里程	
燃油量表显示情况	□正常　　□不正常		
车辆整体状况	□良好　　□一般　　□较差　　□非常差		

二、工作决策

1. 所用工具和设备

2. 注意事项

三、工作实施（以实际工作过程记录）

1. 点火线圈拆卸

2. 点火线圈检查

3. 问题记录

4. 火花塞拆卸

5. 火花塞检查

6. 电极间隙测量

7. 新品确认

外观检查：□完好　□损坏

8. 火花塞安装

9. 最终检查

　　□正常　□不正常

四、工作自评与疑惑

1. 工作过程自评

　　□优秀　□良好　□中等　□及格　□不及格

2. 工作结果自评

　　□优秀　□良好　□中等　□及格　□不及格

3. 工作疑惑

五、工作评估（教师针对过程及结果评估）

1. 教师评语

2. 教师评分

　　□优秀　□良好　□中等　□及格　□不及格

教师签字：

工作活页六
项目三　任务一　传动系维护

任务名称	传动系维护	序号		日期	
学生姓名		学号		班级	
工作目标	完成传动系维护操作				
工作内容	1. 离合器踏板检查； 2. 手动变速器油更换				

一、资讯

实施工作的车辆信息。

车辆 VIN 码		行驶里程	
车辆整体状况	□良好　□一般　□较差　□非常差		

二、工作决策

（一）工作内容 1

1. 所用工具和设备

2. 注意事项

（二）工作内容 2

1. 所用工具和设备

2. 注意事项

三、工作实施（以实际工作过程记录）

（一）工作内容 1

1. 离合器踏板工作性能检查

2. 离合器踏板自由行程测量

3. 问题记录

4. 离合器踏板行程调整

5. 最终检查

　　□正常　　□不正常

（二）工作内容 2

1. 手动变速器油泄漏检查

2. 手动变速器油液面高度检查

3. 问题记录

4. 手动变速器油排放

5. 新品确认

变速器油型号：

6. 手动变速器油加注

7. 手动变速器油液面高度检查

8. 最终检查

　　□正常　　□不正常

四、工作自评与疑惑

1. 工作过程自评

　　□优秀　　□良好　　□中等　　□及格　　□不及格

2. 工作结果自评

　　□优秀　　□良好　　□中等　　□及格　　□不及格

3. 工作疑惑

五、工作评估（教师针对过程及结果评估）

1. 教师评语

2. 教师评分

　　□优秀　　□良好　　□中等　　□及格　　□不及格

教师签字：

工作活页七
项目三　任务二　制动系维护

任务名称	制动系维护	序号		日期	
学生姓名		学号		班级	
工作目标	完成制动系维护操作				
工作内容	1. 制动踏板检查； 2. 制动液更换				

一、资讯

实施工作的车辆信息。

车辆 VIN 码		行驶里程	
车辆整体状况	□良好　□一般　□较差　□非常差		

二、工作决策

（一）工作内容 1

1. 所用工具和设备

2. 注意事项

（二）工作内容 2

1. 所用工具和设备

2. 注意事项

二、工作实施（以实际工作过程记录）

（一）工作内容 1

1. 制动踏板工作性能检查

2. 制动踏板自由行程测量

3. 问题记录

4. 助力器工作性能检查

5. 最终检查
  □正常 □不正常

（二）工作内容 2

1. 制动液液位检查

2. 制动软管安装状况检查

3. 问题记录

4. 制动管路外观检查

5. 新品确认
  制动液型号：

6. 手动更换制动液

7. 制动液液位确认

8. 制动系排气操作

9. 最终检查
  □正常 □不正常

四、工作自评与疑惑

1. 工作过程自评
  □优秀 □良好 □中等 □及格 □不及格

2. 工作结果自评
  □优秀 □良好 □中等 □及格 □不及格

3. 工作疑惑

五、工作评估（教师针对过程及结果评估）

1. 教师评语

2. 教师评分
  □优秀 □良好 □中等 □及格 □不及格

教师签字：

工作活页八
项目三　任务三　转向系维护

任务名称	转向系维护	序号		日期	
学生姓名		学号		班级	
工作目标	完成转向系维护操作				
工作内容	液压助力转向系维护操作				

一、资讯

实施工作的车辆信息。

车辆 VIN 码		行驶里程	
车辆整体状况	□良好　□一般　□较差　□非常差		

二、工作决策

1. 所用工具和设备

2. 注意事项

二、工作实施（以实际工作过程记录）

1. 方向盘自由行程测量

2. 转向盘安装状况检查

3. 转向盘调整功能检查

4. 转向助力油储油罐油面高度检查

5. 问题记录

6. 转向助力油渗漏检查

7. 转向连接机构检查

8. 转向助力油更换

9. 最终检查
　　□正常　　□不正常
四、工作自评与疑惑
1. 工作过程自评
　　□优秀　　□良好　　□中等　　□及格　　□不及格
2. 工作结果自评
　　□优秀　　□良好　　□中等　　□及格　　□不及格
3. 工作疑惑

五、工作评估（教师针对过程及结果评估）
1. 教师评语

2. 教师评分
　　□优秀　　□良好　　□中等　　□及格　　□不及格

教师签字：

工作活页九
项目三 任务四 行驶系维护

任务名称	行驶系维护	序号		日期	
学生姓名		学号		班级	
工作目标	完成行驶系维护操作				
工作内容	1. 车轮拆装与轮胎检查； 2. 悬架检查				

一、资讯

实施工作的车辆信息。

车辆 VIN 码		行驶里程	
车辆整体状况	□良好　□一般　□较差　□非常差		

二、工作决策

（一）工作内容1

1. 所用工具和设备

2. 注意事项

（二）工作内容2

1. 所用工具和设备

2. 注意事项

二、工作实施（以实际工作过程记录）

（一）工作内容1

1. 车轮轴承检查

2. 车轮拆卸

3. 轮胎检查

4. 轮圈、轮辋检查

5. 问题记录

6. 车轮安装

7. 最终检查
　　□正常　　□不正常
（二）工作内容 2
1. 减震器漏油及损坏检查（4 个）

2. 减震器弹簧安装位置检查（4 个）

3. 托臂和后桥检查

4 问题记录

四、工作自评与疑惑
1. 工作过程自评
　　□优秀　□良好　□中等　□及格　□不及格
2. 工作结果自评
　　□优秀　□良好　□中等　□及格　□不及格
3. 工作疑惑

五、工作评估（教师针对过程及结果评估）
1. 教师评语

2. 教师评分
　　□优秀　□良好　□中等　□及格　□不及格

教师签字：

工作活页十
项目四　任务一　电源系统维护

任务名称	电源系统维护	序号		日期	
学生姓名		学号		班级	
工作目标	完成电源系统维护操作				
工作内容	1. 免维护蓄电池的维护及拆装； 2. 发电机维护				

一、资讯

实施工作的车辆信息

车辆 VIN 码		行驶里程	
车辆整体状况	□良好　　□一般　　□较差　　□非常差		

二、工作决策

（一）工作内容 1

1. 所用工具和设备

2. 注意事项

（二）工作内容 2

1. 所用工具和设备

2. 注意事项

二、工作实施（以实际工作过程记录）

（一）工作内容 1

1. 蓄电池基本检查

（1）外观检查

（2）端子状况检查

（3）通风孔检查

（4）导线连接状况检查

2. 蓄电池工作性能测试

3. 问题记录

4. 蓄电池拆卸

5. 蓄电池型号确认

6. 蓄电池安装

7. 最终检查
　　□正常　　□不正常
（二）工作内容2
1. 发电机皮带检查
（1）皮带张紧力检查

（2）皮带安装状况

（3）皮带磨损状况

2. 发电机轴承检查

3. 发电机工作状况测试

4. 最终检查
　　□正常　　□不正常
四、工作自评与疑惑
1. 工作过程自评
　　□优秀　　□良好　　□中等　　□及格　　□不及格
2. 工作结果自评
　　□优秀　　□良好　　□中等　　□及格　　□不及格
3. 工作疑惑

五、工作评估（教师针对过程及结果评估）
1. 教师评语

2. 教师评分
　□优秀　　□良好　　□中等　　□及格　　□不及格

教师签字：

工作活页十一
项目四　任务二　照明及仪表指示灯系统维护

任务名称	照明及仪表指示灯系统维护	序号		日期	
学生姓名		学号		班级	
工作目标	完成照明及仪表指示灯系统维护操作				
工作内容	车灯及仪表指示灯检查				

一、资讯

实施工作的车辆信息。

车辆 VIN 码		行驶里程	
车辆整体状况	□良好　□一般　□较差　□非常差		

二、工作决策

1. 所用工具和设备

2. 注意事项

二、工作实施（以实际工作过程记录）

（一）前部车灯检查

1. 示廓灯（包含仪表指示灯）检查

2. 大灯近光（包含仪表指示灯）检查

3. 大灯远光（包含仪表指示灯）检查

4. 变光功能（包含仪表指示灯）检查

5. 大灯调节检查

6. 前雾灯（包含仪表指示灯）检查

7. 转向灯（包含仪表指示灯）及回位功能检查

8. 危险警告灯（包含仪表指示灯）检查

（二）后部车灯检查

1. 尾灯及牌照灯检查

2. 制动灯（包含高位制动灯）检查

3. 后雾灯检查

4. 倒车灯检查

5. 转向灯（包含仪表指示灯）检查

6. 危险警告灯（包含仪表指示灯）检查

（三）内部车灯检查
1. 仪表灯亮度调节检查

2. 储物箱灯检查

3. 阅读灯检查

4. 门控灯检查

5. 行李箱灯检查

四、工作自评与疑惑
1. 工作过程自评
　　□优秀　　□良好　　□中等　　□及格　　□不及格
2. 工作结果自评
　　□优秀　　□良好　　□中等　　□及格　　□不及格
3. 工作疑惑

五、工作评估（教师针对过程及结果评估）
1. 教师评语

2. 教师评分
　　□优秀　　□良好　　□中等　　□及格　　□不及格

教师签字：

工作活页十二
项目四　任务三　其他用电设备维护

任务名称	其他用电设备维护	序号		日期	
学生姓名		学号		班级	
工作目标	完成风窗玻璃刮水器与空调系统的维护操作				
工作内容	1. 风窗玻璃刮水器维护； 2. 空调系统维护				

一、资讯

实施工作的车辆信息。

车辆 VIN 码		行驶里程	
车辆整体状况	□良好　　□一般　　□较差　　□非常差		

二、工作决策

（一）工作内容 1

1. 所用工具和设备

2. 注意事项

（二）工作内容 2

1. 所用工具和设备

2. 注意事项

二、工作实施（以实际工作过程记录）

（一）工作内容 1

1. 风窗玻璃喷洗器检查

（1）喷洗液液位检查

（2）喷洒区检查

（3）问题记录

2. 风窗玻璃刮水器检查

（1）各个挡位功能检查

（2）刮刷效果检查

（3）问题记录

3. 刮水片更换

4. 最终确认
　　□正常　　□不正常

（二）工作内容 2

1. 空调制冷剂量检查（用歧管压力表）

2. 空调系统工作效果检查

3. 空调系统泄漏检查

4. 问题记录

5. 最终确认
　　□正常　　□不正常

四、工作自评与疑惑

1. 工作过程自评
　　□优秀　　□良好　　□中等　　□及格　　□不及格

2. 工作结果自评
　　□优秀　　□良好　　□中等　　□及格　　□不及格

3. 工作疑惑

五、工作评估（教师针对过程及结果评估）

1. 教师评语

2. 教师评分
　　□优秀　　□良好　　□中等　　□及格　　□不及格

教师签字：

工作活页十三
项目五　任务一　车身附属部件维护

任务名称	车身附属部件维护	序号		日期	
学生姓名		学号		班级	
工作目标	完成车身附属部件维护操作				
工作内容	车身附属部件维护				

一、资讯

实施工作的车辆信息。

车辆 VIN 码		行驶里程	
车辆整体状况	□良好　　□一般　　□较差　　□非常差		

二、工作决策

1. 所用工具和设备

2. 注意事项

二、工作实施（以实际工作过程记录）

1. 座椅安全带（在各门位置）检查

2. 座椅（在各门位置）检查

3. 车门（各个车门）检查

4. 发动机盖检查

5. 行李箱门检查

6. 燃油箱外盖检查

7. 问题记录

8. 最终确认
　　□正常　　□不正常
四、工作自评与疑惑
1. 工作过程自评
　　□优秀　□良好　□中等　□及格　□不及格
2. 工作结果自评
　　□优秀　□良好　□中等　□及格　□不及格
3. 工作疑惑

五、工作评估（教师针对过程及结果评估）
1. 教师评语

2. 教师评分
　　□优秀　□良好　□中等　□及格　□不及格

教师签字：

工作活页十四
项目五　任务二　汽车外部美容维护

任务名称	汽车外部美容维护	序号		日期	
学生姓名		学号		班级	
工作目标	完成汽车清洗与打蜡操作				
工作内容	1. 汽车外部清洗； 2. 汽车外部打蜡				

一、资讯

实施工作的车辆信息。

车辆 VIN 码		行驶里程	
车辆整体状况	□良好　□一般　□较差　□非常差		

车辆外观状况记录，在有问题的部位做标记，并简单记录。

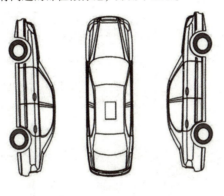

二、工作决策

（一）工作内容 1

1. 所用工具和设备

2. 注意事项

（二）工作内容 2

1. 所用工具和设备

2. 注意事项

二、工作实施（以实际工作过程记录）

（一）工作内容 1

1. 车身表面检查

2. 相关设备的准备与调整

3. 车身预冲洗

4. 喷洒泡沫并擦匀

5. 二次冲洗

6. 擦干

7. 问题记录

8. 最终确认
　　□正常　　□不正常
（二）工作内容 2
1. 上蜡

2. 下蜡

3. 问题记录

4. 最终确认
　　□正常　　□不正常
四、工作自评与疑惑
1. 工作过程自评
　　□优秀　　□良好　　□中等　　□及格　　□不及格
2. 工作结果自评
□优秀　　□良好　　□中等　　□及格　　□不及格
3. 工作疑惑

五、工作评估（教师针对过程及结果评估）
1. 教师评语

2. 教师评分
□优秀　　□良好　　□中等　　□及格　　□不及格

教师签字：